哲學很有事

近代哲學（下）

哲學開外掛，
認識哲學家的新角度！

Cibala——著

三民書局

國家圖書館出版品預行編目資料

哲學很有事：近代哲學(下) / Cibala著. ——初版一刷.
——臺北市: 三民, 2019
面; 公分. ——(Think)

ISBN 978-957-14-6674-3 (平裝)
1. 西洋哲學史 2. 近代哲學 3. 通俗作品

143.2 108012196

著作人	Cibala
責任編輯	連玉佳
發行人	劉振強
發行所	三民書局股份有限公司
	地址　臺北市復興北路386號
	電話　(02)25006600
	郵撥帳號　0009998-5
門市部	(復北店) 臺北市復興北路386號
	(重南店) 臺北市重慶南路一段61號
出版日期	初版一刷　2019年9月
編號	S 100390

行政院新聞局登記證局版臺業字第〇二〇〇號

ISBN 978-957-14-6674-3 (平裝)

http://www.sanmin.com.tw 三民網路書店

推薦序

華梵大學哲學系教授
冀劍制

有些人很愛哲學，完全不介意哲學的難度，可以融入其間，樂在其中。但是，這種哲學愛好者始終都是少數，這也是為什麼在人類歷史上，哲學始終無法在民間普及。

然而，歷史在轉變，哲學書籍不再只是單純服務愛好者，也開始服務許多因為某些理由而嘗試學習的人。當現代人知識越豐富，就越容易感受到它的重要性。但是，即使理性上知道自己該讀哲學、知道哲學可以帶給人生莫大的助益，但如果缺乏熱情，一樣難以入手。在這種情況下，較易閱讀的哲普書便顯得重要，而且，如果還可以提昇學習樂趣，就更完美了。

Cibala 老師這一系列的哲學書籍，便是依據這樣的需求而來，不僅容易上手，還以故事為背景，希望讀起來更生動有趣。

舉例來說，在〈唯物論者拉美特利〉這篇，他利用酒館裡的閒聊為背景，討論人是否只是機器的辯證。藉由同意與反對兩方交火，將這個問題的主要支持理由和反對觀點提出來，帶領我們深入思考。如果這些內容生硬的出現在教科書裡，除非原本就感興趣，否則，便會感到生澀無聊。但由於事情發生在酒館，在輕鬆閒聊的氛圍裡，化解閱讀的壓力，無意間，讀者便被理路吸引，跟隨思路，啟發自己的想法。這確實能讓人以較輕鬆的方式，踏入哲學思考的世界。

而在〈學生邊沁〉這篇，討論的地點雖然是在課堂上，但Cibala老師藉由學生挑戰老師的舉動以及同學在旁看好戲的場景，化解哲學辯證時的嚴肅性，讓哲學討論增添趣味。

除了哲學思辨之外，書裡也談哲學理念以及提出問題引人思考。像在〈少年愛彌兒〉這篇，除了介紹教育理念，順道提出一些值得思考的問題。例如，「為了保護自己而殺人是否正確？」以及「我們是否可以因為職業而看輕他人？」這些問題雖然沒被討論，但是，藉由故事的接地氣，讀者可以感受到問題的重要性，以及容易套用在自己的生活中。而這些，都可以啟發哲學思考力。

我認識Cibala老師已經很多年了，他曾在我服務的華梵哲學系教了幾年書，讓我有機會和他一起聊哲學。他是一個有熱誠、又受學生歡迎的老師，下課時間總被學生圍繞，具有個人魅力與創意。而這些長才，也逐漸在他的生命歷程中轉化成文字，藉由書本的媒介，傳遞哲學思想。事實上，在我個人的兒童哲學著作中，裡面有個「普老師」的角色，其原型也是由他而來的。

近幾年來，臺灣哲學風潮所形成的一股力量，正努力讓各種拒絕思考的反智文化現形，並驅逐它們，社會將因此而進化。那麼，就讓我們繼續走下去，並且拭目以待。

哲學，並非求個一勞永逸的答案

哲學新媒體 共同創辦人
哲學床邊談，甜甜的 專欄作家
小英

讀哲學讀久了，會有一個顯而易見的副作用，那就是講故事的能力變差。因為哲學的訓練過程，會讓你對於知識的分析能力提高，探求問題本質的敏感度提高。每個提問，感覺都像一拳準備要KO對方一樣。

但撰寫故事不一樣，要有敏銳的情感轉折捕捉，人物性格的立體鋪陳，重點是要把情節寫得有趣，而這些特質很容易被哲學的訓練消磨掉。

但Cibala就很厲害，在他這《哲學很有事》的系列套書中，很巧妙的融合了身為一位作家對於故事建構的豐富度，與身為一位哲學人對哲學知識傳達的厚度。

其中有幾篇小短篇一直讓我回憶起我讀西哲專書時，那些令人糾結難解的思辨過程。但在Cibala筆下，卻把那些糾結難解，令人望而生畏的大部頭論著，換成有趣生動的「事件」。

事件，讓這本書變得很立體

沒錯，我要說的是「事件」！

因為是「事件」，就具有故事性，它讓每個理論與觀點的時空突然立體了起來。

讀者彷彿可以走近那座舞臺，清楚感受到每個理論在被闡述時，所呼應的時代特質。

而這樣的立體性，其實不光是對兒童理解「哲學理論」來說，對初接觸到哲學的人，都是非常有效的切入路徑。

Cibala厲害的地方是，他讓每個「事件」都感覺很真實。

我會如此說，主要是因為我熟悉裡面部分哲學家所闡述的理論，因為熟悉就會去一一檢證。但有趣的是，Cibala在鋪陳故事的過程中，將這個哲學家行為的小細節，人生的過程，都一併真假混雜的融在故事內，譬如在〈康德的沙龍之旅〉此篇，我就一度懷疑是否康德曾經真有過此次沙龍聚會！

而這樣的成功的事件構置，是非常需要寫作與哲學理解的真實力。

章節構置，很適合教學，也適合自學

不得不說，近代哲學是我覺得內容最為複雜，卻也最吸引人的部分。Cibala 很貼心的將這本書鎖定在近代社會的幾個重要議題去做開展，分別是：「民主啟蒙」、「幸福」、「資本主義」、「什麼是真正的道德」、「女性主義」，以此建構出十五個章節。

而十五個章節的量，相當於大學教育中十八週的安排（扣除開學第一週、期中考、期末考），非常適合老師拿來課堂上做每週的操作。

而每篇故事的最後又設計了「哲學很有事，你也來試試」的問題，有效的幫忙老師與學生進行收斂、回顧，讓閱讀者免於泛泛的看過而已。

寫在最後

我跟 Cibala 認識起源於四年前的合作，那時看他致力於兒童教學現場，默默的、一步一步踏實的，建立起自己的對兒童哲學的教學模型，我就心生敬畏。

而後自己孩子漸漸長大，由襁褓中的嬰孩，漸次到能溝通，到現在能與我聊點哲學觀點。更打從心底理解與兒童講述哲學，搭配不同年紀、階段，其技巧設計的重要。

兒童哲學可以多小開始訓練？根據我在我自己小孩身上實驗的結果是四歲半開始，原因在於，正如 Cibala 在〈老闆與教授〉此篇最後所言：「對立的對話是為了培養讀者權衡思考的習慣。」而四歲半的孩子開始能操作「對立對話」了！

若對兒童而言，由於內容文字的複雜度，建議國小四年級以上的孩童可以以此系列書為思考訓練的徑路，而當你「習慣思考」訓練，其實你就同時在進行「哲學」學習。所以哲學，並非求個一勞永逸的答案。

衷心喜悅此系列書出版，真心推薦之。

導言

《哲學很有事》系列是筆者為二〇一五－二〇一八年兒童哲學課編寫的閱讀教材，簡介西方（歐美）歷史上有名的哲學家、哲學觀點、理論。內容為單篇三千字左右，以哲學家（或文化）為中心的小故事，透過對話與情境展現各種觀點或想法。故事本身是虛構的，哲學思想卻不是。除了作為閱讀教材，也可以當作哲學入門的參考。

然而，在進入正式內容之前，或有讀者擔心「哲學」二字的陌生與難解。基於初次接觸哲學的讀者可能不少，以下是筆者對「哲學」的簡介。

什麼是「哲學」？

「哲學」對一般人聽來或許陌生，其實並不難懂。哲學是研究思考中的重要概念，並提出不同觀點的學問。舉個例子，身處現代，大家一定都知道「科學」的重要，逃不開「科學」的影響，然而認真反省「科學到底是什麼？」就是個哲學主題。有些學派認為只有科學能幫我們擺脫錯誤與迷信，得到真確的見解；也有學派則認為科學只是為了控制自然發明的工具，本身並不特別真確。

大家或許也聽過「不自由，毋寧死」，然而「自由」到底是什麼，真有那麼重要嗎？又是另一個哲學主題。哲學關注如：「真理」、「知識」、「幸福」、「正義」、「美感」這些重要而且抽象的概念，認真思考討論之。

也可以說，哲學就像是一座思考藝術的博物館，收藏著人類從古至今，有趣而精妙的理論觀點。有的真確、有的驚人、有的崇高、有的現實，然而都值得理解欣賞。所以不用想的太難，只要抱著參觀的好奇心進來，哲學必以驚人的收藏回報你，開啟一扇有趣又有料的思想之窗。

本書教的是哪種哲學課？對什麼有益？

本書是哲學史課程，國小五六年級以上的孩子就可以透過閱讀故事培養以下三種能力。

一、形成觀點的能力

二、自由思考的能力

三、抽象思考的能力

傳統教育喜歡談知識，不喜歡談觀點；喜歡給答案，不注意答案怎麼形成。

學習中若缺乏形成觀點的過程，會讓學習缺乏趣味與效率。哲學教育與傳統教育相反，喜歡把知識當觀點，把答案當一種想法。這有助於平衡現有的知識模式，增加思考的靈活度與深度。

自由思想並不容易，因為我們很容易被當世觀點侷限而不自知。舉個例子，文明的進步一般而言毫無疑問是有益的，卻有哲學家認為文明發展絕對不好，對人類幸福只有害處。哲學思想非常豐富多元，有人推崇懷疑，也有人追求信仰，有人宣揚民主的價值，也有人批評民主的弊端。深入了解各種觀點才能在思考上真正自由。

哲學討論抽象概念，能增強抽象思考，這常是現代教育所缺乏的。現代教育追求精細分工，課程內容常因之而過於瑣碎，帶給學習者痛苦挫折。抽象能力幫助孩子有更清楚，更全面的理解。這不但能增加學習的質，甚至能增加學習的趣味。

最後，本書需要邊閱讀邊思考，故事中對話需要仔細的對照琢磨，才能跟上相互詰辯的討論。閱讀過程也可以培養孩子邊讀邊想，專心思考的習慣。

其實這些能力對所有年齡的人都有用，也就是一般所謂思考或思辨能力。哲學教育就是培養思考能力。

光讀別人的觀點，對自己的思考有用嗎？

不過說到這裡，有人不免懷疑，由於課程內容是了解哲學家的觀點，研讀別人的觀點真能有益於「自己」的思考，真能幫助「自己」形成觀點嗎？

哲學教育教思考，但「教思考」聽來有些矛盾，因為一個人不用教也能自己思考，而且如果他不主動思考，教也沒用。本書所謂「教思考」不是給答案、教動作甚或給出公式，而是試著「欣賞」。帶領讀者欣賞一下不同的觀點，當作未來建立自己思考的橋梁。這跟欣賞藝術作品一樣，創作者往往先驚嘆於他人作品的完美，再致力於自己的創作。

所以請各位先抱著「欣賞」的態度去理解。我希望本書的讀者能回顧一下人類思考的歷史，不用急著尋找這一課用在哪裡，那個理論可以反駁誰。培養思考不總是要勉強人提出新想法，或一定要批評社會，有時也可以欣賞前人思考的深度，擴張自己的視野。當面對新問題，豐富的視野會慢慢轉化為內在力量，更能被有效運用。

讀哲學會不會有什麼不好的影響呢？

不過因為本書試圖向年紀更輕的孩子介紹哲學，或許有人擔心哲學會不會帶給孩子壞的結果，比方說極端或反社會人格呢？

學任何東西都有可能被設想為好壞兩個極端。發揮一下想像力，我們可以想像學科學的孩子瘋狂偏執，學醫的孩子冷酷無情，學文學的孩子脆弱悲觀，學音樂的孩子恃才傲物，學體育的孩子腦袋空空。這些都是透過想像把學科汙名化的結果。

這些大多不是事實，而是流言與想像。擔心哲學帶來的極端或瘋狂，跟以上擔心一樣——缺乏事實根基，若真的有相似情況發生，常會發現這些往往是學習不夠深入的結果。剛學功夫的人愛與人爭鬥，剛接觸文學的人易多愁善感，但若受到老師正規有系統的引導，全面了解之後，這個狀況幾乎不會發生。與其讓孩子將來因偶然接觸到這些主題，受到不可知的影響，倒不如讓老師在設計好的環境中好好利用這些資源，來培養思考的能力。

後話

最後必須致歉的是，在浩瀚的經典論述中，我對任一哲學家的認識，遠不及該領域專家。我的師長、同輩與學弟妹們都能提供百倍的專業智慧，本書僅僅是入門簡介而已。

然而必須說明的是，哲學如果沒有論點的交互攻防，似乎就少了大半意義，因此我盡可能在故事中補強，有時我會加入自己的解釋或後人的見解，這並非百分之百的報導，我應承擔其責任。但為了推廣哲學的趣味性，我認為這是必要的。

其實到目前為止，我解釋的大多是哲學對所有人的意義，而沒有「特別」點出兒童或青少年為什麼要學哲學，因為我視他們如成人。我覺得哲學思考是有趣的，有意義的，因此介紹給身邊的孩子作為禮物。我對兒童學哲學的看法就跟兒童學廚藝的看法一樣，不一定適合每個人，但接觸一下也不錯，前提是注意安全。以我的經驗，學哲學比學廚藝要安全多了。

我也不主張人人都應當念哲學，只認為能有機會接觸一點哲學思考，對個人來說是件正面的事。哲學思考能刺激各種不同角度的想法，訓練思想更深入與全面。希望本書能在哲學教育上拋磚引玉，透過哲學教育的推動來改善社會。

章節細部的介紹

西洋哲學史的故事之旅終於來到十七—十八世紀，被稱為「近代哲學」的時期。前一本書《近代哲學（上）》介紹十七到十八世紀的哲學，《近代哲學（下）》則是十八世紀（更精確來說是十八世紀中到末），被稱為「啟蒙時代」的哲學。

「啟蒙時代」的哲學家主要存在於法國、英國與德國這三個國家。啟蒙最具代表性的思想是十八世紀法國的哲學思潮，以巴黎為中心，代表人物有盧梭、伏爾泰、孟德斯鳩、孔多塞等人。同一時間，在英國也有重要的思想運動，主角有經驗論者休謨（前一本書介紹）、本書的亞當斯密以及邊沁。在德國，哲學家康德的批判哲學對啟蒙的闡釋也不可或缺。這些地區的思想各有特色，又異中有同，彼此影響交互辯詰串成的交響曲，便是本書盡力譜出的樂章。

我們提過，每個時代的哲學多少可以歸納出一些導引性的「主軸」。古希臘哲學的主軸是「靈魂」，中世紀是「信仰」，近代哲學的主題是「知識」。啟蒙時代的哲學可以在「知識」之下細分，細到煥然一新。十七世紀知識的主要意義是「認識世界」，啟蒙時代知識的意義更近於「追求進步」，啟蒙瀰漫著追求進步的氛圍，在各種知識、工藝與文化的領域中，甚至延伸至政治與社會生活，不惜以革命追求進步，十八世紀發生了美國獨立革命與法國大革命，是啟蒙精神最重要的標誌。

除了結合政治，為了進步，啟蒙反對一切的偏見，追求改變。舉個例子，十七世紀的笛卡兒或牛頓視科學為發現神造物之理，科學不但不反對宗教，反而像對創造之神的頌讚。啟蒙時代科學與宗教的關係趨於緊張。狄德羅、拉美特利是公開的無神論者，伏爾泰、孟德斯鳩批評基督教，其理由跟他們批評前代哲學、封建貴族、傳統價值的原因一樣，因為這些都是不願改變的偏見來源，有礙進步，應戒慎警惕。

另外，資本主義與工業革命的種子也悄悄的發芽了。英格蘭的工業革命誕生了大都市，都市成了大型的市場。工廠生產模式永遠改變了人類的生活，廉價而且相互競爭的產品大量出現，迅速取代了手工業，今天我們幾乎一切日用品都來自於工廠。這些都在啟蒙時代成形，以難以置信的速度成長茁壯。而對依賴現代生活的我們來說，這可能才是最直接感受到的「進步」。

啟蒙最重要的精神——透過思考追求「進步」，與本書每一個故事都有些關聯。希望讀者能從故事中去感受啟蒙對抗偏見發出的力量，去經歷政治與生活方式面向現代世界的轉變，甚至思考這種以追求「進步」為主軸的觀點是否是正確，是否潛藏危險。對筆者而言，這些思考都是偉大的、有趣的、有啟發性的，但不一定是正確，所以介紹給各位，供各位學習、欣賞乃至於批判。

哲學是一座集合不同觀點與想法的博物館，它整理分析人類的思考結晶，帶你了解各種世界觀，讓思考真正自由成長。筆者深知能力有限，但仍盡力把哲學家豐富思想編成一段段小故事，希望讓各位在閱讀、感受、欣賞小故事時，思考能慢慢成長茁壯。

以下是我為近代哲學（下）準備的十五堂課目錄：

1. 狄德羅與《百科全書》
2. 唯物論者拉美特利
3. 孟德斯鳩的沙龍之旅
4. 文明的枷鎖

5. 少年愛彌兒
6. 亞當斯密的午睡
7. 老闆與教授
8. 保護傑佛遜
9. 自動紡織工廠
10. 四個康德
11. 康德的沙龍之旅
12. 羅伯斯比爾的演講
13. 裁縫瑪莉
14. 學生邊沁
15. 末日後的啟蒙

我就廢話不多說了，直接開始吧。

哲學很有事

近代哲學（下）

Contents 目次

狄德羅與《百科全書》

知識就是力量。

哲學家　法蘭西斯・培根

一七五二年，法國巴黎。

一七二七年英國出版了《百科全書》，書中記載當時重要的各種思想、新奇的發明發現，樹立了人類知識的里程碑。法國不甘其後，遂委託當時有名的知識分子狄德羅翻譯《百科全書》。然而狄德羅在翻譯過程中，發現當時知識日新月異，許多技術與思想已經開始變化，最後決定找人重寫一套新的百科。

這是個耗時費力的工程。更麻煩的是在撰寫過程中，法國權貴開始意識到《百科全書》的出版會改變人們的思想，加速世界的改變。很自然地，既得利益者不希望世界改變的如此迅速，開始打壓《百科全書》的出版。

這天晚上，狄德羅在一位名叫「康傑」的黑衣客保護下殺出重圍。當時，至少有十名惡徒團團圍住兩人，情況凶險。康傑在最後一秒把狄德羅送上馬車，獨自留下斷後，弓矢與刀刃聲四起，馬車卻在黑夜中安全遠去。

鷹勾鼻、明亮雙眼、率性髮型加上隨興衣著的狄德羅現在安全了，剛從死裡逃生，他坐在馬車上深呼吸，慢慢從恐懼中恢復過來。

「希望康傑先生沒事。」狄德羅道。

「最不用擔心的就是他了。」車伕名叫布朗歇，個子矮小，滿臉的鬍鬚，一副精力旺盛的樣子。其實布朗歇也是個經歷過大風大浪的人。他道：「我當出生入死的接應人這麼久，這小子是我遇見過最厲害的保鑣。剛剛那種場面對康傑來說是小意思。」

「希望如此，人畢竟是血肉之軀。」

布朗歇道：「康傑的強悍讓我感覺不像真人。不管怎麼樣，我們先到安全的地方再想辦法。」

「也只能這樣了。」

「你後面的幾個箱子到底都是些什麼東西啊？重的要命！」

「印刷版，《百科全書》的印刷版。」

「《百科全書》？那是什麼東西？」

「一套我受託編輯的叢書。」狄德羅嘆了一口氣道：「不過我現在不知道該不該繼續下去了。有權貴為了阻止這本書的出版，不惜要取走我的性命。」

「你越說我越好奇，為什麼權貴們非得毀掉這書不可？這本書到底寫了些什麼？」

其實布朗歇只是禮貌性地表示好奇，但狄德羅剛剛死裡逃生，為了逃避剛被追殺的可怕記憶，他整個腦子瞬間湧現了《百科全書》的架構與內容。

他只停頓了一兩秒，便回道：「《百科全書》把人類所有的精神作品分為歷史、哲學以及詩歌三大部。」他語速流利，音調平穩地道：「歷史部包括所有人們透過記憶形成的作品，不管是人類歷史、自然史，甚至人類出現前的地理史都在內。哲學部包含所有人們以理性探求事物規律的學科，不管是醫學、物理學、邏輯學、心理學乃至於政治學都在這兒。詩歌部則是人類情感的表達，戲劇、小說、音樂甚至繪畫都在這兒討論。」

布朗歇努力思考去搞清楚自己耳朵聽見的東西，然後回道：「記憶、推理跟情感都兼顧到了，這也太了不起了。這簡直是一切知識的終點，就像《聖經》一樣。」

「不不不！剛好相反，這本書只是追求知識的起點罷了。《百科全書》絕不是《聖經》，它只是保存某一個時代精神文明的作品，讓它更有條理，更方便後人學習罷了。」

「可是光這樣的記錄，就太不容易了。一個人得花多少時間，才能讀完這些啊！」

狄德羅認真道：「不需要真的讀完，這些都是暫時性的知識，未來很可能產生變化。《百科全書》的存在是為了啟發人追求知識。當你在這本書的面前感受知識的力量，欣賞知識的美，願意主動追求知識，這就夠了。」

「原來是這樣啊！」布朗歇回道。

「是的。這個目的打從我擔任編輯以來都沒變過。《百科全書》是為了啟發人們追求知識，知識使我們更自由。」

狄德羅說完這段，後方突然傳來馬蹄聲。布朗歇警覺性地揮動馬鞭，加速前進。幸運的是，馬蹄聲漸漸拉遠，似乎沒有立刻追上他們。

「好險沒事。」狄德羅道。

「啟發人們追求知識我可以理解。」布朗歇也開始思考了，他問道：「可是『知識』跟人的『自由』有什麼關係？」

狄德羅露出自信的笑容道：「因為人類世界充滿了各種迷信與偏見，表面上理所當然，顛撲不破的想法，實際上卻是束縛人們的鎖鏈。舉個例子，人們過去迷信海是有邊界的，船隻到了邊界就會跌落至無底深淵。所以人們便不敢把船開的太遠，不是嗎？」

「是的。」

「所以這個迷信與偏見，束縛了航海範圍，把人們鎖在一個沒有鐵欄杆的監牢裡。直到不畏迷信的哥倫布，堅持向西航行是沒有危險的，才發現了大海對岸有一片廣大的土地，成就了西班牙帝國的黃金時代，不是嗎？」

「是的。真有此事。」布朗歇點頭道。

「再舉一個例子，或許你曾聽過，某些人認為非基督教的教徒就代表魔鬼，只要是異教徒，毫無例外全都是野蠻的、狡猾的、邪惡的魔鬼。這想法不只限制了與異教者接觸，還帶來了上百年的宗教戰爭。但事實上，異教徒跟我們沒什麼不一樣，我們能和平地談判，簽訂盟約，他們在草藥或工程方面的知識還對我們有益。」

「我似乎有些了解了。你的意思是偏見會無形中限制我們，讓我們變得不自由。但具有知識的人能去除偏見，不被偏見所限，因而是自由的，這樣說對嗎？」

「是的。知識既能帶來自由，又能洞徹世界的真相，具有改變世界的力量。既得利益者不希望世界改變，所以自然……」

「自然要阻止《百科全書》的出版了。」

「是的。這些當權者一開始是透過批評，但是我不怕批評，因為我站在真理的那一方。真理喜歡批評，因為經過批評，真理就會取勝；謊言討厭批評，因為經過批評，真理就會取勝。」

說完這段，馬車後方第二次傳來馬蹄聲。接著風中傳來弓箭破空的咻咻聲，有一支箭從後方拋物線射來，剛好落在狄德羅跟布朗歇的中間。

「先保護自己。」布朗歇道。

布朗歇加速前進，並從駕駛位置的側面拿出盾牌，舉在頭頂上。狄德羅也照做，接著兩人的盾牌上，都鑲上了新來的飛箭。

「這次慘了。」布朗歇道。

就在他們繼續等待下一次衝擊的時候，後方突然傳來人落馬的聲音。接著弓箭攻擊停止，馬車又慢慢回到原來前進的節奏。

布朗歇道：「騎馬射箭摔倒了吧！」或許是為了讓客人忘記剛剛的緊張，他繼續問道：「或許，當權者並不是不知道真相，只是擔心變化可能帶來的動亂。當世界劇烈改變或改革太快，很容易導致動亂與犧牲。對生性保守者來說，這些是難以接受的代價。」

「你的考慮很周全。然而我認為謊話可以用於一時，但長久必然有害。真理可能一時有害，但長久必然有利。有時的確需要衡量，但最多是權宜之計，不能當作阻擋真理的藉口。站在真理的這一方，才有真正的安全可言。」

「但是，你怎麼知道，或者我們該怎麼知道自己是不是真理的那一方呢？」

「我不敢說自己的思想一定正確，但我希望社會能發展出不與真理為敵的環境：能接受不盲從權威的思考，不受限制的思想自由，不被教會約束的宗教寬容，不被傳統綁架的改革，正視科學與工業技術的價值。這些不代表真理，卻是更容易發現真理的環境。《百科全書》只是為了建立這樣的世界所做的準備罷了。」

後方第三次傳來馬蹄聲，這次來的又快又急，布朗歇拿出一柄短劍放在腳邊預備。馬蹄聲越來越近，情勢也越來越緊張。

布朗歇小聲說道：「只有一個人的話，我應該可以處理。」接著緊握住短劍柄，決心一拚。但就在那匹快馬超過馬車的同時，原本緊張到極點的兩人，卻突然卸下了一切的重擔與心防。

「康傑先生！」

Cibala 老師碎碎念

《百科全書，或科學、藝術和工藝詳解詞典》（法語：*Encyclopédie, ou dictionnaire raisonnédes sciences, des arts et des métiers*），通稱《百科全書》(Encyclopédie)，是一七五一年至一七七二年間由法國的啟蒙思想家編撰的法文百科全書。共十七卷正編，十一卷圖編。此後其他人多有補編，一七八〇年再版時共有三十五卷。

《百科全書》主編為狄德羅（法語：Denis Diderot, 1713.10.5–1784.7.31），副主編為讓・勒朗・達朗貝爾（法語：Jean le Rond d'Alembere, 1717.11.16–1783.10.29）。參加編纂的主要人員有孟德斯鳩、魁奈、杜爾哥、伏爾泰、盧梭、布豐等不少法國啟蒙時期的著名人物。

他們被稱為百科全書派(Encyclopédiste)。《百科全書》雖然只是一本記載當時新發現的典籍，卻帶來了追求知識、理性思考的風氣。這種態度也讓當局開始阻止它的印行。本故事主角雖然是狄德羅，卻不是詳述狄德羅本人的思想，而是以《百科全書》的主編來反映那個時代精神。但也不會跟他本人的思想相衝突，狄德羅也是一個追求理性思考，不畏傳統權威的思想家。

哲學很有事，你也來試試

☆《百科全書》分為哪三大部分？

☆狄德羅說《百科全書》的存在是為了什麼？

☆狄德羅認為「知識」跟「自由」有什麼關係？

☆為什麼當權者要阻止《百科全書》的出版？

☆當布朗歇說改變太快可能會出現動亂時，狄德羅怎麼回答他？

☆人有時會被偏見限制而不自由，試舉一個你所知道的例子。

唯物論者拉美特利

人是機器。

哲學家　拉美特利

一七五〇年，普魯士柏林街頭的酒館。

「人就是機器，一臺複雜的機器。」

拉美特利喝了一大口酒之後道。

今年四十歲的拉美特利因為極端的唯物主義，被迫離開家鄉法國，連當時思想自由的荷蘭都容不了他。然而，他終於找著了歸宿，開明的普魯士國王腓特烈二世歡迎他，不但讓他暢所欲言，還給了他不錯的職位。

總算得志後的第三年，拉美特利與友人一同上酒館尋樂，酒酣耳熱之際，卻巧遇與他觀點相反的貴族。或許是酒精的刺激，或許是醞釀了三年的自信，拉美特利開始高談闊論起來。

「如果日心說是個重大發現的話，『人是機器』絕對是更重要的發現。」拉美特利喝了一大口酒，自信道：「笛卡兒就發現了，只是不敢說罷了。人完全是物質組成的機器。」

友人問道：「為什麼不敢說？」

「當然是因為『教會』。哥白尼、伽利略、笛卡兒擔心的都是同一個東西，教會能主宰他們的自由與生死。我能再叫些酒嗎？」

「當然可以。」

拉美特利又點了幾瓶酒，他喝酒的速度快得驚人。

酒上桌後他們繼續了話題。貴族道：「你剛剛說人就是機器，可是感覺起來不是。」

拉美特利回道：「感覺不是，這我承認。我們也感覺地球是平的，感覺天體繞著世界運行，感覺重物墜落速度較快，可是科學證明這些都是錯的。地球是圓的，天體繞行是因為地球自轉，伽利略以實驗證明不論輕重，物體落下的速度相同。人『感覺』起來不是機器，但『事實』上是。」

貴族回道：「可是人類具有行動的能力。」

友人調侃道：「水車也能動。」這友人傾向拉美特利這一邊。

「水車是被帶動，可不是『行動』。」貴族認真道。

拉美特利道：「可以確定的是，人類是一個自帶動力的機器。在機器內儲存動力並非不可能，我們已經能給機器上發條儲存動力，再釋放出動力讓機器運動。」

「可是人類並不需要上發條。」貴族回道。

「但人類需要食物。沒有食物的人類會漸漸失去行動力，甚至死亡。」拉美特利道：「可以確定的是，人類身體能把食物轉為機械動力，儲存後再慢慢釋放出來。」

「你這樣說無憑無據，怎麼可能有這麼神奇的機器。」

「當然有這樣的神奇機器，動物就是這樣的機器。動物也能轉化食物成為自身的動力，甚至連昆蟲都有，還是你認為昆蟲不是機器，跟人類一樣擁有靈魂？」

貴族思考了一下之後回道：「動物我不知道，可是人類的動作看起來不像是機械性的。」

拉美特利喝了一大口酒之後道：「那一樣都只是看起來的問題。先不說舉手腳移動這類動作，就拿說話來說，我們並不是從靈魂直接發聲，而是由腦傳訊號到聲帶，喉部聲帶猶如兩條絃，靠著外側二組肌肉拉動改變位置，再因為氣流通過的震動而發出聲音。一個人如果割除聲帶，靈魂再用力也不可能說話。人類所有行動都可以靠物理的構造與運動來解釋。」雖然喝了酒，但拉美特利的醫學素養顯露無遺。

「那思考呢？」貴族切入了核心議題。「思考看起來不像是機械的活動，機器沒辦法思考吧？」

「你認為不行。我認為可以。」拉美特利道：「以為物質活動無法產生思考，本身就是偏見。我們已經知道人類透過神經傳遞感覺，慢慢的我們也會發現思考本身也是物質活動，只是時間問題罷了。靈魂就是腦，腦的運作就是思考。」

「這才是你個人的偏見吧！每個人都接受只有非物質的靈魂才能思考。」

「讓我先確認一下，你所謂非物質的『靈魂』是指完全獨立於物質的精神體嗎？」

「這當然，靈魂是獨立於物質的精神體乃是自然之理。」

「我有證據，思考的根本不是非物質的靈魂。」拉美特利喝了一大口酒之後道：「而且證據就是我喝下去的東西。」

貴族道：「這怎麼可能？」

友人道：「拉美特利先生，這是什麼意思？您就別再賣關子了。」

拉美特利回道：「從酒精對人意識的影響，我們就可以斷定人類的靈魂根本就是物質。酒是物質對吧？」

「對，酒當然是物質。」

「胃是肌肉構成的器官，也是物質世界的一員，對吧？」

「這當然。」友人道。

「我也同意。」貴族回道。

「物質酒進到物質的胃，消化吸收這段過程自然也是物質的活動！醫生檢驗屍體時，有時還發現死者胃部有未消化完的酒。如果靈魂不是物質，那為什麼酒進到胃裡被消化這一連串物質活動，卻會讓非物質的靈魂意識不清？」

貴族一下子說不出話來。

拉美特利補充道：「另外，當腦部受到重擊，意識會瞬間消失。重擊是物質碰撞，失去意識卻是靈魂功能的喪失，這不正說明靈魂會被物質活動影響，因此也是物質的嗎？」

貴族回道：「也許靈魂會被物質運動影響，可是靈魂本身卻不是物質。」

拉美特利正聲道：「科學已經發現物質運動過程是不會受到物質以外因素影響的。物質活動的每一個階段都像精密的鐘錶一樣是環環相扣的機械式運動。即便是人類移動手臂的動作，也有著環環相扣的機械過程。重點是在這機械過程中，科學家測量能量時發現，每一刻物質運動的能量都完全來自於前一刻物質運動的能量，根本沒有任何非物質的能量加入物質的運動之中。靈魂若不是物質，則根本無法以能量方式影響身體；若靈魂確實能影響身體，則靈魂不是靈魂。這就是不相信人是機器必須面對的後果。」

「荒謬至極，怎麼會有這麼離譜的主張？」

「當然有，我所說的都是出於科學的法則，科學家已經把這些用在人身上，經過實驗驗證，只是一般人不願接受罷了。我們已經知道身體是由骨骼、肌肉、神經這些物質構成，每一部分運作的規律都越來越清晰，每一個活動的充分條件都越來越全備，而堅持非物質的靈魂存在，只會越來越站不住腳。只因為第一眼看見月亮發光，就不管任何後來的解釋，堅持月亮會發光，正是你現在所做的事。」

「如果人是機器，那人活著還有什麼意義？」

「那還用說嗎？」拉美特利舉起酒杯來道：「避苦趨樂，就跟我們現在做的一樣。」

這場鬥嘴誰都看得出拉美特利大獲全勝。或許是因為太過貫徹自己的想法，拉美特利隔年就因為暴食而死，死時只有四十一歲。

Cibala
老師碎碎念

本故事的主角是法國哲學家拉美特利（法語：Julien Offfray de La Mettrie, 1709–1751），他是當時有名的「唯物論」代表。唯物論者認為不存在非物質的事物，當然也沒有非物質的靈魂。人類的思考純粹是腦活動，一種生物的、物質的活動。這主張一直到今天對某些人來說，都是很難接受的主張。

當筆者寫作的時候，一個很常見的流行議題是AI的問題：「機器真的能有智慧嗎？」對拉美特利來說，當然是可能的，因為人原來就是自然創造出的智慧機器。而且自然能創造出智慧機器還比人工製造的智慧機器來的更神奇，更難以理解，只是我們都是人類，所以習以為常罷了。

故事最後部分還帶入了一種跟唯物論很契合的「決定論」的觀點：物質運動不但遵守能量守恆定律，還如同機械一樣環環相扣，前因決定了唯一的後果，我們以為的意志自由或個人抉擇，實際上只是披著外衣的機械過程，自由只是自我捏造的假像罷了。這在當代的形上學中也有許多討論。

哲學很有事，你也來試試

- ✫拉美特利被趕出法國的理由是什麼？
- ✫拉美特利如何回答人感覺起來不是機器的問題？
- ✫拉美特利認為負責思考的是什麼？
- ✫拉美特利認為靈魂根本就是物質的證據是什麼？
- ✫你認為拉美特利的說法是對的嗎？為什麼？
- ✫你覺得把人當成「機器」，或者當成「動物」，會不會貶低人的價值？

孟德斯鳩的沙龍之旅

不自由，毋寧死。

美國革命家　派屈克・亨利

一七五三年，法國巴黎。

十八世紀是法國沙龍全盛期，沙龍是種私人的小型講學聚會，除了社交，也希望主講者能提升聽眾的思想與智識。也因此，沙龍成為出版著作外，知識分子發揮影響力的另一個工具。

孟德斯鳩是今天沙龍的主角。他有一頭鬈曲的棕髮，充滿高貴氣質的臉龐，舉止謙恭有禮。前些年他的大作《論法的精神》大賣，一時洛陽紙貴。這本書耗去他二十七年光陰，不但載滿旁徵博引的知識，也充滿著發人省思的智慧。

「今天請您來，想談談您的大作。」沙龍主人道。「《論法的精神》？」孟德斯鳩聲音低沉而有磁性，令人感到沉穩。「稍微多了些，我想挑其中一部分來講。」

孟德斯鳩思考了一下，談羅馬要些知識背景，談封建對貴族針對性太高。他道：「談『自由』怎麼樣？」當他說出「自由」的瞬間，賓客的眼神都亮了起來。「自由」此時是常與「進步」關聯的詞彙，遂引起聽眾的興趣。

「太好了，請您開始吧。」主人也注意到賓客反應，便順水推舟讓孟德斯鳩發揮。

「今天的主題是『自由』。」立定主題後，孟德斯鳩開始侃侃而談：「沒有比『自由』一詞涵義更多，更能讓人印象深刻的詞了。但是我們必須認清，『自由』一詞對不同國家、文化甚至不同價值觀的人，有著不同的意涵。有些人認為，能罷免具有權力的人，就叫自由。另一些人認為能選舉自己的統治者，就叫自由。有人認為能拿起武器抗爭，就叫自由。還有人認為自由就是只受某一個民族的法律統治，因而認為受另一個民族統治，就是不自由的。甚至，有些人還把自由與自己喜好的政體連結。例如，習慣共和國的人說共和制有自由，受惠於君主國的人說君主制才是真自由，最終，每個人把自己喜好的政體叫『自由』。」

主人問道：「可是如果『自由』沒有確定的意思，那我們又該怎麼討論呢？」

「並非無法討論，只是要小心不同意思引起的混淆，以免無謂的論爭。我們今天要談對個人來說最切身，也最基礎的『個人自由』。」

「那『個人自由』是什麼呢？」

「當個體行動完全被自己的意志所支配，叫做『個人自由』。如果今天我想離開大廳，就可以走出去，不會被外力限制或阻擋，這就是走動的自由。」

「先生，您要是現在就離開的話，我會很困擾的。」

「別擔心，有自由不代表非做不可。」孟德斯鳩笑道：「對個人自由有個常見的誤解，認為個人要能任意妄為，隨意行事，甚至無視社會的法律才叫自由。這樣說來，自由彷彿跟法律衝突似的，但其實這是誤解。剛說如果沒有任何因素限制我走動，我確實具有走動的自由了吧？」

「這當然是。」

「但今天我並不以此為滿足，我抱怨道，我想像鳥一樣躍上樹枝，甚至兩三步就能飛越一座大山，要能做到這些，才叫『自由』。您以為如何呢？」

「這抱怨未免太不理性了。這是因為『能力』上做不到，不是因為沒有『自由』。」

「這就是了，無法做到想做的事，有時是欠缺能力，而非欠缺自由。對群居的人類來說，法律是維繫社會的基礎，法律就像自然界的重力，規範卻不直接控制我們。如果人無法飛行不算不自由，同樣人不能任意殺死鄰居也不算不自由，自由並不會與法律規範相衝突。」

「同意。這才是對自由正確的理解。」主人回道。

「所以遵守法律並不算不自由。在一個國家裡，當人有權做一切法律不禁止的事情，就叫做這個人的『個人自由』。換句話說，除了法律禁止外，若人有做一切事的權力，代表個人意志沒有被其他人或組織支配，他是自由的。自由是個體意志的展現，即便全世界聯合起來對抗它，也不能支配它，自由的個體是由自己的意志所支配的。」

孟德斯鳩又舉了幾個例子。隨著他的解說，在場賓客眼中彷彿看見了一個站在高地上，背著大劍，雙眼炯炯有神的戰士。你可以從身形看出他的勇猛善戰，從神情中看出堅強的意志，也看見他瞳仁中反射出自由的、永遠反抗壓迫的光輝。

「雖然一切環境都可能妨礙個人自由，但自由最常見的威脅，就是有公權力的國家。翻閱歷史不難發現，每個握有權力的人都傾向於濫用權力，公權力很容易對自由造成威脅，個人自由只有在國家權力不被濫用時才存在著。」

「可以舉個實際的例子嗎？」

「舉個例子，我今天投身於寫作與研究，如果國家能不根據任何法律就強迫我回家務農，這就表示政府的權力被濫用了。」

「那如果真有這條法律呢？」

「如果真有這條法律，那表示在法律的制訂上我們還很不成熟。但假使政府不用訴諸法律也能這樣做，這表示政府能對人民採取任何行動。在這樣的狀態下，個人生活也將處於擔心與恐懼之中。」

「我似乎理解你的意思了。」

「要防止國家權力被濫用，許多細節要考慮。英國人已經懂得用憲法約束政府，憲法是用來規範政府的法律，明確規定政府權力的界限。但從政府設計上來看，『分權』也很重要。以不同的組織分開執掌不同的公權力，以權力制約權力，是另一種防止政府濫權的方法。」

「這是要把政府一分為二嗎？」

「不是數量分裂，而是依功能職責分工。公權力主要有三種，立法權、行政權以及司法權。立法權能創制、修改或廢止法律。行政權則是執行法律，維護治安，公共建設，養護軍隊，發動戰爭等。司法權則是解決訴訟，制裁犯罪，調解爭端。」

孟德斯鳩這段說得較快，所有人皺著眉頭努力消化。

「這三種政府權力應該分屬相互獨立的單位，才能讓權力制衡。立法單位只能立法，行政單位只負責執行，司法單位只管審判。其中任一者，只要獲得另一者，就會讓政府擁有過大的權力，因而危及個人自由。如果行政權跟立法權合併，政府可以輕易制定暴虐的法律，並有效地推行它。如果行政權握有司法權，政府便能利用司法審判將反對勢力除去。如果司法權擁有立法權，既能制定法律又能審判的法官們將能絕對地壓制人民。」

「原來是這個樣子。」

「除了防止權力集中之外，這三者的性質不同，機構分工還能提高效率。

行政與立法為了政務推行，應設有常設機關。司法最好不要常設機關，以免有心人士賄賂。立法權需要多數人執掌，才能兼顧不同觀點。但行政權應該掌握在一個人手中，一個人發號施令比全體一起下令更好。」

「沒想到有這麼多細節。」主人道。

「這些考慮都是為了建立一個溫和適中的政府，適中往往比極端更適合人類。三權分立的政府，更適合追求自由的人類。」

孟德斯鳩對自由與政府的看法深深地影響了整個啟蒙時代，而他的三權分立概念，也成為後來美國獨立革命之後，政府設計最重要的參考。

Cibala老師碎碎念

孟德斯鳩伯爵（法語：Charles de Secondat, Baron de Montesquieu, 1689.1.18–1755.10.2）是法國的思想家，他與盧梭跟伏爾泰被稱為啟蒙運動三俠。

孟德斯鳩本身是法國貴族，襲有爵位，曾任律師、波爾多議會議長。他最有名的著作是《論法的精神》，這部書討論古今中外各種重要的政治歷史、思想，將各種政府體制與意識形態有系統地分類，深入分析討論。

本故事旨在點出孟德斯鳩對個人自由與三權分立的看法，這些看法確實影響了美國的獨立精神與政府的設計，並且也因為美國後來的影響力而關連到全世界。孟德斯鳩對商業活動與市場的看法，則在本書的另一篇故事中繼續討論。

哲學很有事，你也來試試

☆孟德斯鳩認為討論自由一開始會遇到的問題是什麼？
☆孟德斯鳩認為「自由」與「法律」會相衝突嗎？
☆孟德斯鳩所謂「個人自由」最常見的威脅是什麼？
☆在本篇故事中孟德斯鳩認為可以用什麼辦法防止政府濫權？
☆孟德斯鳩所謂政府三權是哪三權？
☆你覺得個人自由最大的敵人除了政府之外，還有其他的可能嗎？

文明的枷鎖

人生而自由，卻無處不處於枷鎖之中。

盧梭《民約論》

一七六三年，法國巴黎。

「人生而自由，卻無處不處於枷鎖之中。」這擲地有聲的話語，來自於有著柔和眼神、高挺鼻子、輪廓深刻，一表人才的學者盧梭。

「人自以為是萬物的主人，卻比萬物更像奴隸。」話語的音調柔和，內容卻如利箭穿透人心。

盧梭外型俊美、才思敏捷、智慧過人，每次在公開場合出現，都引來許多仰慕者。他今天演講的沙龍除了人擠的水泄不通，還多站了兩個衛兵，來確保群眾不會被搧動鬧事。

盧梭對群眾朗聲道：「我想問各位，禁錮眾人的枷鎖到底是什麼？」

「兇狠的老婆！」有個男人大喊，眾人笑了起來。

盧梭笑道：「說的對，兇狠的老婆的確可怕。婚姻制度綁住了我們，綁住了大多數人。還有呢？」

「貧窮！」一人大喊。他的衣著看來就是中下階層的人。

盧梭道：「是的！貧窮綁住了許多人。人生而自由，卻可能背著沉重的債務或壓力，難以翻身。還有嗎？」

「欲望！」一位老者道。「欲望控制我們，使我們不自由。」他聲音雖小，卻沒有人敢看輕這句話。

盧梭驚嘆道：「真知灼見！欲望的確奴役著我們，使我們為其傀儡。說得太好了。」

時機成熟，盧梭直接切入主題道：「今天我們要解開自己的枷鎖，就不能停留在表面。我們要深入枷鎖真正的主人，才不會從前門送走了獄卒，又開後門迎典獄長進來。」

眾人不住點頭。

「其實剛剛提到的這三者背後有個共同的主人，身為奴隸的我們，唯有認清主人的真面目，方有機會自由。而這也是各位請我來最重要的原因。大家可以想想看，這主人到底是誰。」

這是個很難的問題，眾人七嘴八舌討論了起來，不過沒有特別的結論出現。

盧梭不繼續為難眾人，朗聲道：「從我個人的觀點來看，這三者背後共同的主人就是『文明本身』，『文明』就是人類的枷鎖。」

「你說什麼？」前排男性張大眼睛問。

「枷鎖就是文明本身，文明就是人類的枷鎖。」

「文明本身？」前排貴族也提出尋求確認的疑問。

盧梭回道：「是的，文明本身，婚姻、財產不均、過多的欲望全都因『文明』而生。文明帶來了自私自利；帶來了征服的優越感；帶來了勾心鬥角；帶來了不健康的飲食；帶來了孱弱的身體。我們的競爭關係、仇敵關係、背叛關係都源於文明。文明是錯誤、邪惡與迷失的源頭。」

這觀點讓大家過於震驚，一下沒有人答的上話。

「難道不文明的人，就沒有這些問題？」有人提出疑問。

盧梭回道：「是的，當然沒有。遠離文明的野蠻人，雖無法使用文明之物，卻有真誠的心靈、強壯的身體以及完全的自由。他取生之所需，對萬物不多取一毫，沒有貪婪、搶奪、忌妒與偷盜。強壯的身體不需外衣卻能抵抗風寒，不需馬車也能跋涉千里。他勇敢面對危險，聰明利用環境，堅定等候機會，努力求生求存，展現生命本身的自由與力量。」

這野蠻人的樣子經盧梭的描述，不只不野蠻，反而讓人覺得十分高貴，讓人羨慕起來。

盧梭繼續道：「這是伊甸園的純潔生活。人類生而自由，卻在歷史中墮落。有一種知識如善惡樹的果子般引誘我們墮落，將我們引向文明。」

「哪種知識？」

盧梭回道：「分配財產的知識。」

眾人露出困惑的表情，盧梭繼續解釋道：「人類原本頂天立地，不分人我，在自然世界和諧地生活著。直到有一天，當某個人把一塊地圈了起來，並說服其他人這塊土地屬於他的時候開始，私有財產的概念進入了世界。自私、貪婪、競爭、忌妒、仇恨以及衍生的一切罪惡才入了世界，在靈魂裡著了根。文明的源頭是財產的私有。」

「我以為文明的源頭是合作與交換。」前排一人道。

「我並不反對，但那只是表相罷了，合作與交換是為了追求超出生存以外的私有財產。私有財產使人忘了生命自身，反追求身外之物，仔細想想，文明不就是建立在身外之物之上嗎？」

「那是什麼意思？」

「舉些例子。禮節、名聲跟財產都是文明的根基，可是禮節、名聲跟財產都不是生存必需之物，文明卻讓你不自主地追求這些。然而這些對一個人身體與精神的健康來說根本都是多餘的。擁有這些當然不是壞事，但是，當人們為了追求多餘之物，出賣自己身體與精神的健康時，悲劇就很明顯了。」

眾人漸漸被盧梭說法打動，點了點頭。

「文明從此帶來了罪惡，成了人的枷鎖，帶來了不必要的自私自利，帶來占有搶奪，帶來忌妒怨恨，帶來了互相奴役。不管生活在其中的哪一方，都因此而擔心焦慮，有人憂心缺乏，有人擔心失去。」

「所以你的意思是，整個文明都是不好的？」前排女性再度問道。

「是的。代表『文明』的『理性』根本就沒有辦法帶人走向更好的未來，只會加深人的罪孽與枷鎖。文明不但不自由，而且越文明，越不自由。」

「越文明越不自由？」一位男性回問道。

「越靠近文明的人，不但越不自由，更以奴役他人為樂。」

「什麼樣的人是越靠近文明的人？」

「越是不直接生產，離自然越遠的人，就越靠近文明。自食其力，為生活奔波，也更接近人類原本的高貴。努力工作的人民比起不工作的貴族更自由，直接生產的人比管理者更高貴。」

聽眾道：「可是我們的感覺卻相反。國王跟貴族可以輕易地踩在我們頭上。」幾個貴族露出不安的神色。

「那正是被文明奴役的結果。文明告訴你政府與貴族是值得尊敬的，讓你習慣奴役的生活。其實不然，政府是人民通過約定建立的，旨在保障個人天生的自由。以奴役他人的自由而存在的階級，原本就不應該存在。」

「可是國家跟世界已經是現在這個樣子了，該怎麼辦？」群眾問了一個不該問的問題，但這卻是盧梭今天最想要回答的問題。

盧梭用溫和的聲音說出堅定的話語，他道：「那就應該起身推翻這個政府，改變這個國家。」

「推翻政府，改變國家？」

「沒錯。政府原是用以保障人民的自由與幸福。當政府失去了功能，反而壓迫人民的自由，人民有絕對正當的權力可以推翻他們。當政府違背了國家的本質，你們就該起身革命。」盧梭這幾句話像是要大聲說給衛兵聽的一樣。

「革命是正當的？」

群眾開始騷動，兩名衛兵也開始往演講臺移動。

盧梭大喊道：「革命當然是正當的，當政府已經成為人民的枷鎖，他們的傾覆就是必然的。」

「上帝的聲音是一切的標準，人民的聲音就是上帝的聲音。」盧梭用最大音量高喊出這句，衛兵從左右架住他，將他強行帶走。

在混亂中這場演講結束。過著顛沛流離生活的盧梭於一七七八年去世，死時六十六歲。一七九四年他因為思想上的貢獻進了法國的先賢祠。

Cibala 老師碎碎念

本故事主角是瑞士籍思想家盧梭 (Jean-Jacques Rousseau, 1712.6.28–1778.7.2)，浪漫主義早期的哲學家。本故事主旨是盧梭在一七四九年參加第戎學院的徵文，在此文中盧梭認為文明乃人之枷鎖，只會給人類帶來更多的束縛與痛苦。除了古希臘的犬儒學派 (Cynicism) 之外，這是近代少見，反文明的思想。

反文明也等於反對啟蒙的「進步」精神。有趣的是盧梭大聲疾呼人應該從政治的壓迫中解放，得到真正的自由，因而完成了另一種意義的社會進步。本故事試著將盧梭的反文明觀點直接連結上法國大革命前的氛圍。最後一段是希望將反文明的思想當作是法國大革命追求自由與反奴役的前身。

對政治的認真思考不一定只為了建立烏托邦，有時也是為了更深入了解現有制度的弊病，因而能更加提防警覺。我們還有一個故事會談盧梭在政治方面的思想，不過在那之前我們要來轉換主題。盧梭還有本談教育的書——《愛彌兒》，是早期倡導啟發式教育的作品，將在下一個故事中呈現。

哲學很有事，你也來試試

☆盧梭認為讓人類不自由的枷鎖真正的主人是什麼？

☆盧梭認為一切罪惡進入世界的關鍵是什麼？

☆盧梭認為人民與貴族哪一邊才是更自由，更高貴的？為什麼？

☆盧梭認為政府是為了什麼而存在的？

☆盧梭對「革命」的觀點是什麼？

☆文明帶來了生活的舒適，也帶來了不必要的壓力的競爭，你認為文明是好的嗎？為什麼？

少年愛彌兒

植物經培育而成形，人則得自於教育。

盧梭《愛彌兒》

時間地點不詳。

康傑駕著馬車，在瑞士鄉間小路徐徐前進。現正值夏日，但已經過了下午四點，氣溫漸漸轉涼。

途經一片小樹林，樹林裡竄出一個人影，康傑直覺對方沒有敵意，果不然，那人友善地揮了揮手，對康傑行禮。

「您好，先生。」年紀約莫十二三歲的少年，笑嘻嘻地對康傑道：「能否請您幫個忙？」

康傑眼前是個皮膚黝黑，身材勻稱的健美少年，少年有亞麻色頭髮，身著墨綠條紋衣褲，背著長弓，著獵人靴。康傑聞到少年身上有除蟲草香味，是個細心的獵人。

「我打到一頭大野豬。自己吃不完，想分給其他人。可否請您載我到附近市鎮。」少年說話還有些童音，但語氣跟眼神都十分誠摯。「當然，也請您接受一份野豬肉作為謝禮。」

康傑覺得少年的態度與外貌均討人喜歡，對野豬肉反而沒興趣。只是不想解釋太多，於是道：「好啊！我可以載你一程。」

「謝謝您！」

少年帶康傑到野豬旁邊。

「你是用獸夾獵到牠？」

「是的。我本來只想獵更小一點的動物。這附近不常出現這麼大的野豬，要是豬肉腐壞浪費了，總覺得對不起野豬的生命。」

「也是。」

少年跟康傑把野豬搬上馬車，兩個人一左一右坐在馬車上聊天。

少年道：「真是謝謝您了，先生，我的名字叫愛彌兒。住在剛剛那片森林裡。」

「我叫康傑，你一個人住森林裡嗎？」

「還有我叔叔，他叫盧梭。他去跑商了，留下我一人。而且我知道他是故意的。」

「為什麼是故意的？」

「他想讓我一個人獨自在荒野生活，練習照顧自己。他教給了我現在所有的一切，而且希望我能更獨立地生活。」

「所以他故意離開，為的是訓練你。」

「是的。我想是沒有問題的。他之前就離開過，只是這次時間更久。」

「所以你沒有跟父母住？」康傑忍不住問道。

「我的父母死於瘟疫，叔叔收養了我。這十多年來，他是我唯一的親人，也是我的老師。」

「我想他把你『教育』的很好。」

「先生，謝謝您稱讚。不過叔叔的確很常說『教育』這個字。他常說『植物經培育而成形，人則得自於教育。』」

「說的真好，你叔叔是一個『教育家』。」

「你這樣誇讚，他要知道了一定很高興。他嘴巴上不說，不過喜歡被人欣賞乃是人之常情。」

「這也是叔叔教你的嗎？」

愛彌兒想了一想，然後道：「我自己也這樣認為的。叔叔常說教育就是要『順從自然』跟『面對自然』。」

「那是什麼意思？」

「『順從自然』是說，每個人都有自然賦予的稟賦，要順著這力量去發展。一顆番茄的種子你不能期待它長成玉米，同樣玉米的種子也不能期待它長成番茄。了解自己的稟賦，順從內在的力量，能減少無謂的矛盾、欺騙與浪費。」

「這相當明智。」

「除了了解自己身上的自然力量，他也認為『面對自然』才能學到東西。天冷時，若我穿的衣服不夠，他不會立刻糾正，反而是在我出門後覺得太冷，甚至傷寒生病後再解釋我的錯誤。」

「他要你去親自經歷這些事。」

「是的，他不常說教，反而讓我直接面對世界。不管游泳溺水，爬樹摔傷，不慎使用刀傷，他都認為這些是必經的道路。他常說考驗、磨練甚至痛苦與煩惱，都可以讓人學習到更多，教育的目的如果是成為人，就要讓人能面對與忍受生活的苦與樂。」

「我想這的確是既自然又有效的教育方式。苦與樂不只讓人得到知識，也讓人精神成熟。」

「是的。我很感謝他，沒有過度保護我。忍受飢餓讓我意志堅強，忍受風寒讓我身體強壯。這些在當下是苦的，事後回想起來卻很甘甜。」

「不過我有些好奇，如果只是在自然中學習，你有學到認字嗎？」

「有的，叔叔有教我寫字與讀書。他曾告訴我人類的知識是以書本的方式記錄著，書中不但有許多知識，還有許多故事。我最喜歡說故事的書了。」

「你看過什麼故事書？」

「我的第一本書是《魯賓遜漂流記》。這真太神奇了……」愛彌兒開始手舞足蹈地表演著《魯賓遜漂流記》的橋段，惹的康傑哈哈大笑。

在愛彌兒表演的同時，有兩人騎著馬跟在馬車後面，跟馬車保持相同的速度前進。

「我很喜歡看書。」愛彌兒道：「我覺得書裡的世界很有趣。雖然叔叔不會要求我看書，卻會偶爾告訴我他從書上看到的趣事，光聽內容就覺得書真有趣。」

康傑道：「沒要求看書，反而更刺激了求知欲。」

「真的很有趣啊！我還借了許多其他的書看，例如《神曲》、《沉思錄》等。」愛彌兒又說了許多書名，即便是成年貴族也不一定看過。愛彌兒還是一個打理自己生活起居的少年。

「你懂的比你同年紀的人要多很多。」

「其實也沒什麼啦，叔叔說人只要能靠自己獨立謀生就好了，不用跟別人比較。」

「你也這麼認同嗎？」

「是的，我也認同。我認為能憑自己之力生活，保持自由、開心與健康，就是人生的『幸福』了。至於跟別人比較，不但永遠比較不完，也比不上經營自己生命那種踏實感。」

「說實在。我跟你們的想法也相近，我們三個可是少見的同類。大多數人都習慣與人比較財富、成就或權力當作幸福。」

「依賴這些很容易患得患失吧！康傑先生，他們到底要跟我們多久？」愛彌兒也注意到了。

「快了，應該在等同伴。」

正當他們說話時，前方一棵大樹倒在路中央。樹旁有四個人，兩人拿著鋸子，兩人拿著劍。

騎馬二人加速跟上馬車，手裡拿著亮晃晃的刀，一人還背著一把前膛槍。

康傑停下馬車，六名歹徒圍了上來。

「其實不用砍樹的，諸位要我停下來，說聲便是了。」

貌似老大的人問道：「車上都載些什麼？」

「都是些個人旅行的用品。你們要什麼就拿去，請別傷害我跟這位小哥，他只是搭便車的。」

「臭死了。這什麼？」一名歹徒跳上馬車，看見了野豬。

「請不要傷害這位先生，野豬可以全部都給你們。」愛彌兒發聲了，他是真的擔心康傑安危。

「我才不要破爛豬肉。你！」老大拿刀指著康傑，對他道：「車子上有沒有值錢的東西。」

「沒有。我有一袋銀幣可以給你，懇請你別傷人。」康傑遞出了腰間一袋銀幣給老大，老大接過銀幣一掂，笑道：「這可不夠買兩個人的命喔！」

康傑對愛彌兒道：「愛彌兒，保護你自己。」

「你們說什麼？」老大話還沒說完。康傑就從懷中掏出手槍直接對老大開火，子彈穿透老大的胸口。老大不可置信地看著胸前的火藥孔，接著直挺挺地倒下。

一旁三人當場驚呆了，利用這個空檔，康傑拔出腰間長劍，轉砍向拿著鋸子的歹徒。對手急忙用鋸子去擋，但鋸子太薄根本擋不住長劍。長劍壓斷鋸子，康傑閃過斷鋸，長劍往前直送，刺進了對手腹中。

周圍還有兩個人。愛彌兒往其中一人直衝過去，把他直接撞翻，兩人在地上扭打。

有一人騎著馬過來衝撞康傑。康傑熟練地翻滾閃避，但另一位歹徒偷襲他砍向他背心，腳卻踩在一堆康傑預放的鐵釘尖刺上，他因痛低下身子，下一刻一柄匕首就沒入了他的頭頂。

騎馬歹徒見狀不對，拿出背上火槍。康傑也掏出懷裡的第二支手槍，兩人幾乎同時朝彼此開槍，但馬上開槍準頭差了一截。騎馬者頭部中彈落馬，但他並沒有打中康傑。

最後一位下了馬的歹徒見身邊人倒下了四個，後退了幾步，打定主意開溜。他正要騎上馬，就被康傑以十字弓射中了後心，直接倒在馬旁。

愛彌兒與歹徒扭打，一開始占了上風，但力氣與體型還是輸成人一截。歹徒終於制伏了愛彌兒，用刀抵住他的脖子。

「別過來。」歹徒對康傑道。

「放開他，我就放你走。」康傑道。

「你把劍丟掉。」

「再說一次，放開他就放你走。」

「把劍給扔……」歹徒大喊，不過他嘴都還沒闔上，康傑射出的飛刀就穿過了他拿刀的手掌。愛彌兒奮力掙開歹徒另一隻手，只一瞬間康傑就已經飛身至兩人面前，所有人都無法相信人類動作居然會這麼快。

康傑直接落在歹徒頭上，從天而降的長劍入了歹徒胸口，結束了這場搶劫。

「你沒事吧！」康傑道。

「沒事。」不到一分鐘地下躺了六個人，愛彌兒也嚇了一跳。

「沒事就好。希望沒嚇到你，我是一個殺手。希望你不會因為職業而看輕我。」

愛彌兒呆了半晌之後道：「不會的，康傑先生，我知道保護自己的重要。」

康傑道：「我直到現在都不知道為了保護自己殺人是對是錯，不過在那以前，我就得先動手了。」

「謝謝您，康傑先生，我還無法判斷，但我會在長大過程中想辦法弄清楚的。」

愛彌兒如願到了鎮上，把野豬肉免費分給大家。而他也拿到了鎮上人送的兩本書作為謝禮。

Cibala
老師碎碎念

本故事主角依然是前一篇故事的哲學家，只是主題是他的另一本書《愛彌兒》。這本書是盧梭自認作品中最好的一部，它是本小說體裁的教育哲學論著。書中強調人有其天賦的自然本性，教育需要順從自然本性，而非扭曲它。盧梭也批評當時那種只在課堂學習知識的教育，強調從真實生命與自然世界學習，重視健康的身體與成熟的人格。

更有趣的或許是《愛彌兒》認為教育的目的不在培養社會成功的人士，而是引導一個人去追尋自身的幸福，而且這幸福是讓個人能享受他自己的健康、獨立與自由。這種看法即使在兩百多年後的今天，仍然是擲地有聲的深刻思想。

哲學很有事，你也來試試

☆愛彌兒的叔叔認為「順從自然」是什麼？

☆愛彌兒的叔叔所謂的「面對自然」是什麼意思？

☆愛彌兒的叔叔如何培養他讀書的興趣？

☆愛彌兒認為什麼是人生的「幸福」？

☆你同意愛彌兒的叔叔這種啟發式或引導式的教育觀嗎？

☆你同意愛彌兒所謂的「幸福」嗎？為什麼？

亞當斯密的午睡

在競爭中個人的野心往往能促進公共的利益。

亞當斯密《國富論》

一七七〇年，愛丁堡。

亞當斯密，四十七歲，坐在白金漢宮的會客廳裡，侷促不安。他沒有從家鄉來到倫敦的記憶，卻知道自己等一下就要見國王。他不知道自己為什麼要見國王，卻又不敢擅自離開。

正當他覺得分秒難熬時，會客廳門打開了。一位身著華服，頭戴皇冠的男子走了進來。亞當斯密還來不及看清他的長相，就聽見他道：「愛卿，你終於來了。」

「愛卿？這想必是國王了。可是，我不記得自己有當官啊。」雖然亞當斯密懷疑，不過他還是下意識地低下頭行了一個大禮，也不知自己做的對還是不對。

「快起來吧！」國王對他說。他站起來，這才看清英王的長相。鷹勾鼻，黑色的短髮，額頭高聳，下巴寬厚。亞當斯密覺得自己在哪裡見過他，卻想不起來，只覺得他似乎是個關心自己的人。

英王道：「快把你上次跟我說到一半的心得繼續說完。」

「心得？」亞當斯密最近正構思一本關於國家經濟的作品，卻不知從何說起。

「你該不會忘了吧？你上次說到一半，你說國家的財富不在於貴金屬，我想繼續聽下去。」

提示來了，亞當斯密各種想法開始湧現。他邊想邊道：「是的，單單累積金銀不會讓國家真正富足。金銀不是人生活所需，反而是食物、房屋、衣服、武器、馬匹才是。人需要各種物資才能安全生活，一群人更是如此。危險時一旦無法換得所需物資，就只能坐以待斃，任人宰割。」

英王點點頭道：「是的。我也不希望英格蘭只是個空有金銀的王國。有人說國家的財富來自於土地，這你怎麼看？」

亞當斯密回道：「重農主義嗎？這說法也有問題。」

「什麼問題？」

「重農主義認為國家應以農業為主，任何行業的利益都不能蓋過農業，這說法過於偏頗。食物固然重要，但人類生活所需並不是只有食物，衣服跟武器在某些狀況下可能更緊要。況且，農業也並非食物唯一的來源，亞洲有國家以游牧維生，南海也有小島靠漁業養活人口。」

「你見識廣，太好了。既然如此，你就直說國家的財富到底是什麼好了。」

「國家的財富不來自於土地，也不來自於貴金屬，而是來自於『生產技術』。」

「生產技術？」

亞當斯密靈感漸漸出現，他好像順著思考攀上一棵樹，隨著自身位置節節升高，看見不同的風景。

亞當斯密道：「國家的富足不在於掠奪，而在於『生產』。能生產出數量多而且品質好的產品，國家自然更富足，『生產力』才是國家財富的指標。一國的生產力取決於人口與技術，但人口多所耗的資源也多，因此關鍵反而是『生產技術』。在人口不變的情況下提高生產技術，能讓國家迅速富足。」

英王提高了他的聲調：「可是，生產技術真有這麼關鍵嗎？」

「是的。義大利城市運用多人分工，切割製程的方式來代替單一工匠生產模式。一位製針的工匠從拉鐵絲開始，慢慢把針尖磨尖，到細部調整總共要十八道手續。這十八道手續如果都讓一個人去做，一天產出的針不過二十根。這個數字吾王覺得怎麼樣？」

「比我想的要少些。」英王回道。

「可是如果改變製程，把十八道手續整合為十個步驟，每個工人只負責一個步驟，有人專門拉鐵絲，有人專門磨針尖，猜猜看，十個工人合作一天能產出多少針？」

「不是二百根嗎？」

亞當斯密以自信的口氣回道：「四萬八千根針。」

「你開什麼玩笑？」

「這並非玩笑，這就是生產技術的驚人之處。威尼斯造船業透過分工製程一天就能造好一艘船。分工製程不但能提高產量，還能有效利用人力，因為每個人的工作都變簡單了，不需要專精整套製程的工匠，只要能夠重複簡單動作的工人就能生產。簡單的動作更容易累積技術，也更容易利用工具輔助。」

「我似乎了解生產技術是關鍵的原因了。」

亞當斯密自信地道：「我們就把這種分工的生產單元稱為『工廠』。工廠能大量生產商品，促成生產技術的改良。社會如果要提高生產水準，改良生產技術，就必須要讓國家擁有更多更好的工廠。」

「怎麼樣才能讓國家擁有更多更好的工廠呢？」

「首先，國家應該要開放私人建立工廠，甚至獎勵私人設廠。私人工廠，或『私人企業』的建立迅速，型態多元，彈性也大，能迅速改進生產技術。」

「開放私人企業啊，好主意。」

亞當斯密靈思泉湧，補充道：「除了開放私人企業，另一個不可少的是獎勵『自由競爭』。建立能交易土地、勞務、商品乃至一切的市場，但不要干涉，讓市場中買賣雙方自由競爭。」

「完全自由競爭？」英王回問道。

「是的，在自由競爭中個人的野心往往能促進公共利益。在自由競爭的市場中，資本家會自發地改進生產技術，工人也更願意提升自己的工作品質。只有天性的自私與虛榮，能夠對抗天性的懶惰與投機，讓人願意改善自己。因此鼓勵自由競爭，開放自由市場，能提昇工廠的品質，帶來長久的社會利益。」

英王滿意地回道：「開放私人企業以及鼓勵自由競爭，太棒了，還有別的嗎？」

「最後一點，為了鼓勵所有人追求生產，國家應保障私有財產。中世紀國家保障貴族的名譽，人們便追求名譽。而現在，如果要鼓勵人們生產，讓人們樂於累積可支配的財富，國家就不能讓人民覺得財產隨時可能消失。以法律保障私有財產，政府不隨意介入財產分配，不讓人民的私有財產無故消失，人們才會樂於追求它。」

「好，這也很有道理。」

亞當斯密最後總結道：「開放私人企業，保護私有財產，鼓勵自由競爭，三者將編織出有助於提高生產技術的社會制度。採取這些制度對國家長遠來說是有益的，不管是建立工廠的資本家，或者在市場中的工人，雖然是為了追求私利而工作，卻間接地增加了整個社會的財富。自由市場背後有一隻看不見的手，能將私利導引向公利的方向。」

「太好了，愛卿，英格蘭就是需要你這樣識大體的人。」他看著英王，突然想起在哪裡看過他。

「天啊！你是……查理！怎麼是你？」查理湯席德是他以前的好友，亞當斯密曾擔任他兒子的家庭教師，甚至還因此辭去大學的工作。

「你終於認出我了，我偽裝成英王的樣子，幫你一起想事情啊！我知道你在壓力下表現最好，你看，剛剛這段不就是你在壓力下思考的結果嗎？快把它記下來吧！你一定能用這些想法改變世界的。」

亞當斯密突然感受到一陣涼意，忍不住打了個噴嚏。這讓他從睡夢中清醒過來，原來他伏在桌上已經睡了兩個多鐘頭了，而房間的窗已經被午後的風推開。

「查理，怪不得。」亞當斯密這才想起來，他的好朋友查理已經過世了。

「謝謝你，查理。」亞當斯密趕緊找出紙來，把剛剛的想法記下來。

六年後，亞當斯密因《國富論》的出版而聲名大噪。

Cibala

老師碎碎念

本故事介紹的是蘇格蘭哲學家亞當斯密(Adam Smith, 1723.6.5–1790.7.17),他在名著《國富論》中提倡自由主義式的經濟制度(以下簡稱資本主義),對後世影響至鉅。

資本主義是現代生活最常見的社會制度,它從根本上規範了我們的價值觀與生活。亞當斯密雖然是以觀察者的角度提出這樣的觀點,但依然對後世造成了不可磨滅的影響。經濟學因此而誕生,政治哲學、道德哲學、社會哲學都由此開始有新風貌。

本故事著重《國富論》中對生產技術的強調,以及如何建立改進生產技術的制度,主要參考《國富論》前半段。《國富論》另一個常被討論的主題：市場機制與看不見的手，限於篇幅只能略提。這些在現代不只是哲學，更是經濟學與社會學中核心的理論。

最後，資本主義的大量生產並不是沒有代價的。在現今的社會中，貧富差距、環境汙染以及動物痛苦都是大量生產所帶來可怕的問題，也是未來世界必須要面對的困難。

哲學很有事，你也來試試

- ☆亞當斯密如何說明國家的財富不是貴金屬？
- ☆重農主義的主張是什麼？亞當斯密怎麼看這種主張？
- ☆亞當斯密認為國家的富足的指標是什麼？
- ☆亞當斯密認為三個最重要提升生產技術的社會制度是什麼？
- ☆亞當斯密的這種思考方式叫「資本主義」，你喜歡資本主義嗎？

老闆與教授

當金錢說話，事實就閉嘴。

西方諺語

二〇一七年，臺北午後九點，和平東路一間小酒吧。

酒保不喜歡的禮拜一，今晚只有兩個客人。不過拜安靜所賜，兩人像是被煩悶纏身一樣不斷點酒，增加不少單人消費。酒過數巡，兩人動作跟發言都有些醉意。

「這整個臺北市，就是一個大的市場啊！」其中一位酒客道。他一身亮潔阿馬尼，勞力士的錶，卡地亞的戒指，散發出商界菁英之氣。的確，他從小菁英到大，天資聰穎，風趣迷人，一路人生贏家，現在是賺大錢的小老闆。（為求方便，就稱他為「老闆」吧！）

老闆笑道：「在所有燈亮的地方，只要有錢，都能進來消費。只要有錢，你可以購買任何商品，享受任何服務，這就是『市場』，市場是人間的天堂。」

「真是種銅臭味看法。」另一位酒客發言了。他是位教授，讀書人，年紀不大，骨子裡濃到化不掉的理想主義者。平常的他沒有那麼外向健談，但現在熱血與才識在酒精的帶領下催促他發言。

「不過是個讓人花錢滿足個人欲望的場所，就叫『天堂』，可以不要這麼俗氣嗎？」教授回道。

「那閣下的意見是？」老闆回過頭來，比了個敬酒的姿勢，本能讓他先聽對方的說法，再來回話。

教授推了推眼鏡，然後回道：「市場就是市場，一個表面上滿足個人的欲望，背地裡角逐權力的地方。現代生活的確是以市場為中心，但若論到『神聖』，我倒認為連邊都沾不上。」

「掉書袋啊。」老闆心道，但他沒說出來。他立刻動起腦筋來，菁英資歷可不是假的。他想起了一個論點，可以代表他心裡的話。

老闆道：「說市場是神聖的，是因為它的存在來自於人支配財產的自然權利。河流裡的水不屬於任何人，然一旦有人把它從河裡打撈上來，放在自己的罐子裡，這水就成了這人的所有物，要拿來飲用或沖洗，都是所有者的權利。市場讓人能以自由意志支配自己的財產，換取自己所要的商品，這是種權利，象徵著自由與自主而不只是滿足欲望而已。」

教授思考後回道：「你所說的支配自己財產，也包括『人類』在內嗎？除了讓人自由支配財物，市場也可能讓人，雖然不是所有人，但至少是一部分人，變成被販賣的奴隸。奴隸市場是人世間最接近地獄的地方。難道，以自由意志支配自己擁有的奴隸，也是你所謂『神聖權利』嗎？」

老闆皺著眉回道：「奴隸市場已經是過去的事情，現在完全是違法的，國家的法律禁止這種違背人性的情事發生。市場雖然神聖而且重要，但我並不認為世界上只要有市場，其他都不再重要。市場也需要遵守國家的法律，而且遵守國家法律的市場，才是公平交易，又是能讓人們各取所需的地方。」

這兩人一來一往針鋒相對，互不相讓。

「我不認為販人為奴只是過去的事，不過即便不違法，市場也不見得是公平交易的地方。在法律或政府的許可下，市場依然可能成為壓迫跟剝削窮人的推手。當生活物資完全由市場供給，但工人薪資只能勉強應付生活時，市場便成了壓迫窮人的工具。這樣的市場，即便在良好秩序的社會中，依然不罕見。」

「若覺得被低薪壓迫，可以不要工作。」老闆的立場越來越堅定。

「但人類生存需要的物資，過去曾遍布於自然環境之中，現代世界卻到處被人占滿，沒辦法讓人自然生活。總之現代人離開了人群便無處可去。你看起來是老闆吧？你或許永遠都不懂得挨餓。人只有一條生命，當逼不得已，權衡協調的結果通常就是繼續忍受。」教授的立場也很堅定。

不過這種說法難不倒才思敏捷的老闆。他回道：「你或許觀察到了市場違法，或位於法律邊緣的黑暗面。我承認有，但若把這些細節放得太大，或極端化，就是過於偏激。切換到長遠一點的角度來看，市場競爭能讓社會改進生產技術，提高生產效率，最後大量廉價的產品讓所有人的生活都變得更好。自由市場的背後有一隻看不見的手，推動引導著人們追求幸福。這不是我們掙脫古代物質貧乏的世界，所想要追求的嗎？」

教授回道：「我認為這只是某些人想追求的世界，而不是『所有人』。提高生產效率，大量生產廉價商品，真的讓我們幸福了嗎？當你去大賣場，看見堆積如山的垃圾食品，會感受到幸福嗎？況且大量的廉價商品，表面上來自於生產技術的進步，背後卻往往有看不見的代價：廉價與過度的生產已經破壞汙染了環境，讓所有的人，甚至是無辜的人遭受環境破壞的反撲損失財產與生命。這不是時時刻刻在發生，但我們卻不想面對的事實嗎？面對現實，我倒覺得你說的那種大量生產就是幸福的觀點，才是極端偏激。」

兩個客人除了越戰越烈，又各自追加了一樣數量的酒，彷彿在所有地方都不願占下風似的。

老闆點完酒後先開口道：「你說的弊端並不是沒有人注意到，這些也在慢慢地改善中。政府能透過法律修正，甚至是文化與教育，慢慢修補這些瑕疵。民主機制能幫助我們改善這些弊端。這不是我們應該信賴的制度嗎？」

教授回道：「你所說的只是政治的口號罷了，現實剛好相反。市場應該被國家監管，被法律限制，但在現代社會裡，自由市場卻能反其道而行，資本家很容易就能運用個人財富影響民主機制甚至國家。資本主義最盛的美國，國會被人譏笑為財團的管理委員會，官商勾結是民主國家的常態。自由市場太有用的結果是，它壓倒了一切的機構，根本就沒有真正能限制市場的機構。臺北成了一個大的市場，的確沒錯，而所有人也是市場商品的一部分。」

「這樣有什麼不好？」老闆質問。

「這樣又有什麼好的？」教授質問。

「你還是太悲觀了。自由市場能讓經濟成長，世界越來越進步，每個人能發揮所長，各取所需，無間合作，這不就是現代世界的模樣嗎？商品真正的價值只有在自由市場裡才能被發掘。這有什麼不好的呢？當經濟成長，個人生產力提高，代表每個人擁有越來越多的幸福。」

「我的看法卻不是這樣。追求生產與追求財富成了兩個相通的金魚缸，透過追求財富追求生產，再透過生產追求財富，現代人只能在這兩個金魚缸之間游動，卻無法真正幸福。市場競爭讓生活越來越緊張，世界越來越擁擠，環境越來越無藥可救，這就是生產力進步的代價。生產力原本是為了讓人幸福，現在卻變化成只有生產力的提高才能帶來幸福，這就是世界的真相。」

老闆與教授最後沒有達成共識。

Cibala

老師碎碎念

本故事主題不是哲學家，而是「市場」這個「機構」。從啟蒙時代開始，市場就成為不少哲學家討論甚至論戰的概念。有些哲學家認為自由市場對人類有很大的好處，也有人反對之。

站在支持市場概念的哲學家，我這邊設定的是洛克、孟德斯鳩以及亞當斯密三位哲學家。這些哲學家傾向於支持私有財產，並且看好市場所帶來的經濟成長，認為市場能創造價值。在現代這個幾乎全球都採取自由市場的世界中，經濟成長大概是自由市場最誘人之處。

相反於這個立場的，主要是盧梭與馬克思。這兩人都觀察到自由市場可能會生出的弊端，質疑它作為人類獲得幸福的必要手段。環保問題與貧富不均在我們現代身處的社會也越來越明顯。

對立的對話是為了培養讀者權衡的思考習慣。這類問題沒有一勞永逸的答案，而是要在實際遇到問題時，仔細思考反覆權衡，才能求取一個深思熟慮，但不一定完全正確的答案。哲學鍛鍊思考能力，正是為了這類問題。

哲學很有事，你也來試試

- ☆老闆認為市場反映了人的哪種自然權利？
- ☆教授一開始質疑市場的神聖性，他提的是販賣哪種商品？
- ☆老闆如何回應前一題的批評？
- ☆教授認為市場會變成壓迫窮人的工具，為什麼？
- ☆對大量生產廉價的商品這一點，老闆跟教授的態度有何不同？
- ☆你覺得「財富」或「大量生產」能讓人真正幸福嗎？為什麼？

保護傑佛遜

我們認為以下真理不言而喻：造物者創造了平等的個人，賦予他們若干不可剝奪的權利，包括生命權、自由權和追求幸福的權利。

《美國獨立宣言》

一七七四年，英屬北美維吉尼亞殖民地。

黑衣客康傑今天受命去保護一名殖民地的要人，三十一歲的律師湯瑪斯・傑佛遜。據說整群殺手已經進駐傑佛遜住的夏綠蒂鎮，他活過今晚的機率接近於零。

馬車上的康傑照例檢查武裝。他全身上下藏了十把飛刀，手腕腰間藏有弩箭機關，腰袋裡滿是釘刺、石灰等暗器。

出發前，他已經預告任務會造成死傷。不過對方承諾完全的政治赦免。

「英國居然運了一群殺人犯來殺殖民地的律師，這已經是戰爭前哨了。」委託人氣憤道。

「我不管政治，你想清楚就好。」康傑冷冷回道。

康傑在傑佛遜家附近仔細偵查，發現有人在房屋右邊埋伏。也算運氣好，發現時那人正背對著他，康傑如鬼魅般無聲靠近，一手摀住那人的嘴，另一手以尖刺斜刺入腰，這是要害，這人還沒出聲就送了性命。

康傑又發現房子後方有兩位堆放易燃物準備燒房子的人。康傑拿起肯塔基來福槍，瞄準一人的頭部。砰的一聲，那人中槍倒地，另一人急忙開槍回擊，康傑身影消失在柴堆後。那人舉著槍慢慢從右側繞到柴堆後方，卻撲了個空。

「跑哪去了？」那人自言自語。剛說完這話，子彈就從左後方貫穿過他的頭部，丟了性命。

這時，傑佛遜家的門突然開了，三十歲左右的男人拿著槍探頭出來喊著「誰？是誰？」

他往前走了幾步，就被人用槍頂住後心，後方傳來聲音道：「把槍扔掉。三……二……」

男人急忙照做，後方聲音說道：「傑佛遜先生，我是來保護你的人，我叫康傑。」

「康傑？」

傑佛遜請康傑進屋談話。

「我不想離開這裡。」傑佛遜一開口就說道。

「我沒要你離開。」康傑回道：「我是來保護你撐過今晚。你已經走不了了，附近敵人太多，還布下了陷阱，逃走更難生還。你家有地下室嗎？」

「有的。」

「躲進去，鎖緊地下室的門，聽到這個暗號才能開門。」康傑敲出一個節奏。

「好的。」

「如果真擋不住殺手，我會逃走，多一個人死在這兒沒有意義。我很愛惜自己的生命，也請你愛惜自己的生命，千萬不要發出聲音。」

「是的。」

傑佛遜移身地下室，康傑開始布置房間，以禦敵襲。

終於冷靜下來的傑佛遜，在地下室昏暗的燈光下，憑著一股求生意志，提筆寫出以下的字句：

在人類文明發展中，當一個民族需要與另一個民族斷絕政治關係，依自然法取得獨立平等的地位時，出於對人類公意的尊重，必須宣布獨立的原因。

客廳傳來窗戶被打破的聲音。首位闖入者一腳踩上窗戶旁的獸夾陷阱，大叫後倒在一旁，接著又有兩個人爬了進來，遇見了康傑。康傑拿起短劍先發制人，他挑上盔甲較薄的人，兩劍後他緊抓住一個空隙射出弩箭，那人反應不及，弩箭進了肚子。

康傑與剩下一人鬥劍，幾劍後突破了防禦，一腿踢中對方脖子，歹徒當場倒地不治，因為康傑鞋尖藏著利刃。康傑拾起歹徒的劍，把侵入者都了結了。

他確認了一下死者的身分，三人都是英國的死刑犯。

地下室的傑佛遜開始寫第二段：

我們認為以下真理不言而喻：造物者創造的每個人都是平等的，並賦予他們不可剝奪的生命權、自由權以及追求幸福的權利。為了保障這些權利，人們建立政府，政府之正當性來自於被統治者。任何形式的政府，只要破壞上述目的，人民就有權利改變或廢除它。

下波攻擊從大門開始，大門砰一聲被撞開。兩個大漢抱著一段原木，站在門外。

「老哥，裡面有個穿斗篷的怪人。」

「不管是誰，都殺掉。」

老弟掏出一根大木棒，衝進屋裡攻擊康傑。這木棒極其沉重，棒尖所到之處都被砸個粉碎。

「老哥，這小猴兒挺靈活……」老弟還沒說完這句話，脖子間就被一柄飛刀擦過。

老弟掄木棒的速度又更快了。康傑引誘他往梁柱位置移動，故意壓低身體引誘對方從上往下猛砸。中計的老弟在梁柱前高舉木棒砸下，康傑卻反而衝向他。木棒砸下來途中，被梁擋住，就這個失誤，尖刺已經刺入胸側無盔甲遮蓋處，這是致命傷。

康傑往後跳開，以弩箭射向老弟頭部，對方因為疼痛反應變慢，眼睛被射中後倒了下來。

不過與此同時，老哥如旋風一樣衝向康傑，一槌砸在康傑的盾上，為了洩力，康傑往後飛了出去。

的確，審慎考慮，不該因短暫的原因而改變運作多年的政府。過去的歷史也都說明，任何苦難，只要尚能忍受，人類都寧願容忍。但是當政府一再濫用職權、強取豪奪，甚至將人民置於絕對專制統治之下時，那麼，人民就有權利與義務推翻政府，為未來安全建立新的保障。

康傑被擊飛這一剎那，老哥衝向他右側，正想揮動大槌給康傑致命一擊，身體卻突然因疼痛彎了下來，原來康傑飛出去同時順手先將一把釘刺撒在攻擊他最有利的位置上。康傑落地後加速衝進老哥懷裡，以短劍刺向他胸口，老哥揮動大槌將短劍擊飛，卻發現這只是幌子，康傑接著撒出的石灰粉末才是真正殺招。

「哇！」老哥大叫一聲，雙眼劇痛不可視物。他一手摀住眼睛，另一手持著大槌亂揮，高聲怒吼，但事情有了新變化。

門外來了一群拿著火槍的人，看到屋內人會動就直接開槍，槍聲四起，老哥慘死於同伴槍下。趴在地上的康傑拿出預藏好的兩枝火槍迎接歹徒。最前面的歹徒闖進來後走得太快，踩到了地上的釘刺，痛的失去重心跌倒。康傑先朝第二個人射擊，那人應聲倒地。跌倒的人想對他射擊，卻痛失先機，康傑用第二枝上膛的火槍解決了對方。

接著三名持槍者闖入。康傑已經躲進裡面的臥室，關上門，歹徒對著門直接開槍。

傑佛遜寫道：

以下是英國政府在殖民地推行的暴政，也是現在改變政府的原因。他禁止總督們需要的法律，把這些法律擱置甚至置之不理。他拒絕批准與墾殖相關的法律，解散殖民地反對侵犯人權的議會。他拒絕批准建立司法權力的法律，藉以阻撓司法公正。他控制了法官的任期和薪金數，讓法官完全從屬於個人的意志。他竭力抑制殖民地增加人口，阻撓《外國人歸化法律》的通過，拒絕批准鼓勵外國人移居的法律，提高分配新土地的條件。他建立多種新的衙門，派遣蝗蟲般多的官員，騷擾我們人民，並蠶食民脂民膏。

三名持槍者一人踢破門板，兩人拿著火槍闖入臥室。他們一左一右警戒，卻沒在臥房內發現活人。兩人正疑惑時兩枝弩箭一前一後射中他們的後頸，兩人直接倒地不治。

另一人不了解發生了什麼，急忙進屋察看，他看見同伴倒地，卻沒看見攻擊者。他正滿腹懷疑，背後黑影落下，康傑利用門框與特製鞋子，整個人攀在臥室的天花板下。這人也被康傑用短劍解決了，屋內躺滿了英國的殺人犯的屍體。

門外傳來非常吵雜的聲音。原來門外有十多個人，堆起了乾柴要點火燒房子。康傑用歹徒的槍解決了一個前來點火的壞人，火卻已經被點燃。

傑佛遜寫道：

他在我們這裡駐紮大批武裝部隊；切斷我們同世界各地的貿易；未經我們同意強行徵稅；剝奪我們陪審團的權益；編造罪名把我們遞解到海外去受審。

在殖民地廢除自由制度，建立專制政府，推行專制統治；取消特許狀，中止我們自己的立法機構，認為立法權永遠屬於他。

他宣布我們已不在他的保護之下，向我們開戰，放棄了這裡的政權。他在我們的海域大肆掠奪，蹂躪我們的海岸，焚燒我們的市鎮，殘害我們人民的生命。此時他正在運送大批外國傭兵來完成屠殺、破壞和肆虐的勾當。

在這些壓迫的每一階段中，我們都曾用最謙卑的言辭請求，但我們請願所得的答覆卻是一再的傷害。一個暴君不配做自由人民的統治者。

歹徒們看著被火點燃的房子，不願再冒險，開始往後退。在他們轉身退後的時候，一條黑影從燃燒的屋子裡以不可思議的速度飛奔而出，瞬間隱沒在滿是雜物的環境中。

「老大，我剛剛好像看到些什麼？」

「火勢那麼大，你一定看錯了。那人再怎麼厲害，也躲不過火燒。」

「喔！」歹徒轉過身去，卻聽見一聲槍響。

「這怎麼可能？」

因此，我們，集合在大陸會議下的美利堅聯合邦的代表，籲請世界最崇高的正義，經殖民地善良人民授權，我們極為莊嚴地宣布，聯合殖民地從此開始成為自由獨立的國家；解除效忠英國王室的一切義務，並斷絕一切與大不列顛國家的政治關係；作為自由獨立的國家，我們有權宣戰、締和、結盟、通商和採取獨立國家理應採取的一切事宜。為了強化這篇宣言，我們懷著深信神明保佑的信念，謹以我們的生命、財富和神聖的榮譽，相互保證，共同宣誓。

傑佛遜寫完這一段，發現樓上傳來暗號的敲門聲。

「太好了！」傑佛遜心道。

他趕緊攀上梯子，打開地下室的門，卻發現地面上是棟已經被燒毀一半的房子。太陽剛從東方升起，溫暖的陽光穿過被燒毀的屋頂，灑在傑佛遜的身上。

「康傑先生？」傑佛遜向四周大喊。

「康傑先生？」

Cibala
老師碎碎念

本故事主角不是人，而是〈美國獨立宣言〉。文中湯瑪斯．傑佛遜(Thomas Jefferson, 1743.4.13–1826.7.4) 所寫的文字，乃是筆者節譯〈獨立宣言〉的文字。美國獨立是近代世界極為重要的事件，對政治思想有非常大的衝擊。在〈獨立宣言〉中，傑佛遜清楚指出人被上天賦予了若干不可侵犯的自然權利，政府的目的是為了維護這些權利，當政府壓迫侵害自然權利時，人民應揭竿而起。

〈獨立宣言〉不斷引述英國迫害殖民地的歷史事實，說明殖民地反抗英國的暴政，揭竿而起乃是迫不得已。殖民地人民的行動來自於反壓迫，反暴政，追求自由，捍衛自然的權利。美國革命最重要的意義是將這種反壓迫，追求自由的革命精神，轉化成一種普世價值：人們可以（甚至是應該）保護自己的自然的權利，人們應該去反抗壓迫，追求自由與獨立，這完全是正當的。這種思維一方面契合了啟蒙追求進步的精神，一方面也與盧梭追求的自由與平等相互輝映。

哲學很有事，你也來試試

☆〈獨立宣言〉提到人類有哪些神聖不可侵犯的權利？

☆〈獨立宣言〉提到政府的正當權利來自於何？你同意嗎？

☆〈獨立宣言〉提到人們何時有權利與義務推翻政府，建立新的保障？

☆為了和平選擇忍讓，跟為了正義選擇反抗，你比較贊成這兩者中的哪一者？為什麼？

自動紡織工廠

我創造的動力是千方百計地想減輕人們的勞動負擔。

工業革命的關鍵工程師　瓦特

一七八四年，英國倫敦。

十八世紀後半，倫敦逐漸成為現代化的大型城市。城區人口越來越多，人與人互動越來越複雜，城市開始出現新奇的事物：咖啡店越來越普及，印刷業培養了倫敦人的閱讀習慣，銀行與金融業的興起讓更多人有機會致富。整個城市充滿了科學與文化的生命力。無怪此時有名的英國詩人塞繆爾詹森（1709-1784）留下名言：「當一個人厭煩倫敦，他便厭煩人生。」

倫敦城中心，英格蘭銀行中，有位貴族在等候著。在更早的時代，讓貴族等候平民的情況是絕不可能發生的。但在這個貴族權力不斷下滑的時代，遲早會有這樣的一天。不過，當然，英格蘭銀行也派出了具有最高決策權的經理人以免失禮。

「伯爵殿下，真不好意思讓您久候。我已經把手邊所有工作都擱下了，我們有絕對充分的時間好好討論。」一個外表精明，身材高瘦的男子，穿著中產階級常見的新潮西裝，急忙從樓梯上跑下來。

「太好了，衛斯理先生。感謝您百忙之中的接見。」伯爵約莫五十多歲，臉部輪廓深刻，表情卻很謙和。他身著更正式的禮服，禮服上掛滿家徽與勳章。

「我才是榮幸能與伯爵殿下見面。」銀行經理衛斯理趕忙回道，他再度行禮，但其實並不是喜歡伯爵這種靠家世吃飯的人。兩人又寒暄恭維了一陣子後，終於進入正題。

「這次代表家族前來，是希望能申請一筆貸款，作為新事業的資金。」伯爵道。

「蘭斯洛特家族的新事業？太驚人，也太榮幸了，請一定要讓我知道這是怎麼一回事。」

「我知道擔保文件是基本的手續。」伯爵打開手提包，拿出了幾份印製精美的文件，遞給衛斯理。衛斯理以恭敬的態度接過文件，拿起單邊眼鏡，一段段仔細翻看著。

片刻寧靜之後，衛斯理放下眼鏡，回道：「文件應有的條目與資訊，我已經瀏覽過了，是沒有問題的。但作為必要流程，想請您簡述一下這次的投資計畫，我邊檢查一些細節邊聽，以免耽誤您寶貴的時間。」

「還是免不了這一關啊！」伯爵在心裡咕噥著，他把身體往前傾，屁股也往前坐在二分之一的椅面上，拉直背脊，深吸了一口氣然後道：「那就恭敬不如從命了。」

衛斯理比了一個手勢道：「請。」

伯爵用平穩的語調道：「身處於這個充滿變化的時代，您也知道，英格蘭已經和過去完全不同了。新大陸多產的作物在各地普遍種植，配合上新的輪耕制與新生產技術，讓食物產量暴增，農業需要的人口數卻反而變少。圈地運動讓土地漸漸私有化，農村沒有工作可以做，人口開始大量湧入城市。」

「這是沒有錯的。因為農業生產力暴增的革命，反而多出大量人口移居到城市來討生活。倫敦的人口越來越多，人與人之間的關係變得複雜，城市改變的速度也越來越快。」衛斯理回道，表示他有專心在聽。

「是的，在這種快速變化中，我的家族，為了能更效忠於英格蘭王國，也為了家族長遠的事業與榮耀，有些新的想法與計畫。我們想投資自動紡織工廠。」

「自動紡織工廠？」衛斯理的尾音自然上揚，這是他第一次聽見這些字組合在一塊兒。「這是個全新的東西，我從沒聽過，一次也沒有。期望您用智慧的言語，給我全新的啟發。」

「我的榮幸。」伯爵回道：「這得從近來發展談起。前幾年珍妮紡紗機的發明，讓編織變得快速而且機械化。這種快速編織的機器配上農業革命的大量羊毛，能產出大量的，以我家族的名譽保證絕對是品質優良的紡織品。」

「紡織品，聽來是個不錯的主意。」

「我想建立一個大規模紡織品生產工廠。工廠跟手工業大不相同。工廠能集中大量資源，分工製程讓生產變的更有效率。我國有名的學者亞當斯密提過，針匠一個人完成整套鐵針製程，一天只能產十來根針。但若把同樣製程切分為十個簡單步驟，讓十個人通力合作，便成為一天能產上萬根針的製針工廠。」

「這的確是未來生產的趨勢，工廠的生產效率是過去連作夢都想不到的。」衛斯理一邊點頭道。

「而且，甚至可能是『自動』的工廠。」伯爵回道。「以前生產製造的動力只限於人力跟獸力，這些動力雖然堪用，但用途跟力量都有限。但蒸汽機的出現打破了這一點，蒸汽機用鍋爐燃燒產生的蒸汽，推動活塞形成機械動力，這種機械動力比傳統的任何一種動力都更巨大，更穩定而且可靠。只要燃燒便宜的煤，就可以有源源不絕的機械動力。」

「所以您所說的『自動』，主要是指機械力量巨大的意思嗎？」

「不是，『自動』主要指能『持續運作』的意思。蒸汽機只要鍋爐中有煤燃燒就能產生出機械動力，如果設計好機械裝置，讓儲放的煤能慢慢加入鍋爐中，蒸汽機就能持續不斷運作。而蒸汽機運轉產生的機械動力，便能推動紡織機不停運作。我已找到了這樣的技師，做出了機械模型。一旦工廠完成，我們便可以二十四小時持續生產。這對整個英國的生產力來說，絕對是了不得的貢獻。」伯爵說完這一段話，眼中閃耀著無比自信的光芒。

衛斯理的語調轉為驚訝：「能自動持續生產的工廠？實在太驚人了，請問有相對應的設計圖嗎？」

「有的。」

伯爵有備而來，他展示一張密密麻麻的設計圖，衛斯理津津有味的看著，一個全新的世界在他眼前呈現。

「這實在是超乎我所能想像。」看完藍圖之後的衛斯理道。

伯爵道：「這也都要感謝英格蘭國王對專利法律的保護，專利權使得人們更願意貢獻智慧改善世界。」

衛斯理擦了一下他的眼鏡，認真問道：「您說的這種自動化生產，只能用來生產衣服嗎？」

「當然不止。」伯爵目光放遠道：「在更遙遠的未來，自動生產的技術一定不只限於紡織品，越來越多的工具、武器或者生活用品，都能夠從工廠自動生產出來。法國的鎗匠已經開始將鎗枝的零件與生產標準化，這點如果再加上蒸汽機的自動工廠，您認為會有什麼結果呢？」

「就變成了二十四小時都能生產鎗枝的工廠。」衛斯理微笑答道。

「是的。這一定會對英國的未來，甚至是世界的未來，有巨大的影響。因此，我極度需要英格蘭銀行在資金上提供支援，沒有大量穩定資金的支持，這樣複雜的生產機制也是沒有辦法建立起來的。」

衛斯理已經完全被伯爵說服，他回道：「是的，您說的一點也沒有錯，支持自動化工廠是一個有益於英國未來的決定，也是一個極富智慧的投資。從這個自動紡織廠開始進行，絕對是個好主意。我們只要把相對應的手續辦妥，就可以撥付資金給您了。」

「太感謝您了。」

伯爵回到領地後如期建立了工廠，因機械生產取得了大量的財富。而工業革命也從這時候開始改變整個世界。

Cibala 老師碎碎念

本故事想呈現的不是特定思想家的理論，而是人類重要的生活轉變：第一次工業革命。

工業革命 (Industrial Revolution)，又稱第一次工業革命，自一七六〇年代開始，一直持續到一八四〇。在這段時間裡，人類生產各種商品的方式大幅改變，開始以機械動力取代人力、獸力，並以大型工廠的生產取代手工業生產，這是一場技術與產業的革命。

一般認為，工業革命發源於英格蘭中部地區。一七六九年，英國工程師瓦特改良蒸汽機之後，一系列技術革命引起了從手工業向機器生產的重大變革。隨後自英格蘭擴散到整個歐洲與北美。蒸汽機、煤、鋼鐵成了第一次工業革命明顯的標誌。

本故事希望呈現，工廠是由「工人」＋「資本家」＋「生產科技」三元素組成。英國的農業革命提供了人力，銀行業提供了資本家的因子，之前的科學革命，加上專利法提供了生產科技。工業革命從此永遠改變了世界。

哲學很有事，你也來試試

- ☆伯爵提到第一個英國重要變革是什麼？
- ☆伯爵提到手工業跟工廠有何不同？
- ☆伯爵所說的「自動」是指什麼？
- ☆現代化工廠能大量生產出廉價商品，這有沒有可能產生壞處呢？
- ☆你覺得現代生活的人工作真的有比較輕鬆嗎？為什麼？

四個康德

法律是顯露的道德，

道德是隱藏的法律。

美國總統　林肯

德國鄉下一個小村子裡，有四個名叫康德的男人。為了讓故事簡短，我們就在康德後面加上數字一到四來稱呼。

這天早上，康德遇見了乞丐老賴利。嚴格來說也不算遇見，因為他沒見著人，只看見他乞討用的碗以及碗裡的十多芬尼（當時貨幣）。康德一想起昨天賭博大輸，這老傢伙居然坐著就能不勞而獲，越想越氣的他，一把將碗裡的錢抓走，快步消失在巷弄中。

老賴利上完廁所回來，發現碗裡錢全沒了，傷心地哭了起來。正巧遇見康德二跟村裡的牧師經過。這兩人同行並非偶然，康德二想娶牧師的女兒凱薩琳，正極力討好牧師。兩人問了一下狀況，牧師露出憐憫之色。

「真可憐。」為了好好表現，康德二從懷裡掏出一個十字銀幣放在老賴利的碗中。一個十字銀幣等於兩百四十芬尼。康德二柔聲道：「這錢收好，別再掉了。」

「謝謝您！」老賴利破涕為笑，牧師也以敬佩的眼神看著康德二，並對他說：「康德先生，您真是慷慨。」

康德二回道：「能幫助窮人，看見他們的笑臉我就很開心了。」他心想老賴利可真好運，坐著就能不勞而獲一個銀幣。不過為了娶凱薩琳，這點小錢可不能吝惜。兩人繼續聊著天遠去了。

老賴利急忙把銀幣收在懷裡，接著他遇見康德三。

康德三是個家境不錯的天主教徒，父母親從小教他樂於助人，天主才會賜福。等他年紀漸長，慢慢也了解賜福跟行善並沒有直接的關係，但仍覺得這樣也不錯，便保留了施捨的習慣。他看見老賴利空空的碗，眼角還有淚光，便主動詢問。

老賴利把碗裡的錢消失的事說了一遍，只是沒說自己又得了一個十字銀幣。聽他說完，原本就樂於施捨的康德三從懷裡掏出了一個十字銀幣，對他說：「把這錢收好，別再掉了。」

「又一個十字銀幣！」老賴利在心裡驚呼著，同時趕忙道：「謝謝您！謝謝您！」

康德三也沒多說多想，便離開了。老賴利再次把銀幣收在懷裡。心想我只不過掉了十多芬尼，卻換來了近五百芬尼。偷走碗裡錢的人，現在看來可是個貴人。

當老賴利思考這事時，康德四碰巧從他身邊經過。康德四既沒注意到賴利的狀況，也不喜歡幫助窮人，只是當他走過乞丐身邊之後，突然覺得幫助窮人是該做的事。

「我應該幫助他。」他在心裡對自己說，以一種敬虔的口氣。「幫助窮人是應該的。」

可是康德四現在身上只有兩個十字銀幣，給了窮人就等於拿出身上一半的錢，他平時收入也不多。平常人想到這兒就會離開，不過康德四是個認真的人，他停下腳來左思右想，依然覺得救助窮人的確是他應當，而且現在就可以做的事。

老賴利看不到他的內心戲，只納悶這人為什麼站在這裡這麼久。康德四終於想通，他走到老賴利的面前，看也沒看他一眼，便掏出了一個銀幣放在他碗裡，再快步離開。

「謝謝您！」老賴利對著背影大喊。

「今天到底是怎麼回事?連續三個人給我十字銀幣，這真得好好慶祝一下。去酒館吧！」

一七五六年，德國的柯尼斯堡大學，康德老師正在課堂上舉例說明。

這堂課因為學生眾多，教室極為擁擠。康德對滿堂的學生道：「我想利用這四個例子討論『道德』或『對錯』的概念，歸納出一些基本原則。首先我想問，這四人中有一人的行為是毫無疑問地錯誤的，或者說違反道德的，是哪一位？」

學生道：「康德一。」

「為什麼？」康德回問。

「偷竊很明顯是錯誤行為，而且他也懷著惡意。」

「是的，我也同意答案是康德一，即便康德一的作為在後來造成了一些好的結果，老賴利因此得了三個銀幣，不是嗎？」

學生回道：「是的，但這不代表這個行為是對的，這只是運氣使然，並不是當時可以預料到的。」

康德道：「是的，我們也因此得到第一個重要原則：一個行為對或不對，或者說符不符合道德，不能由結果的好壞來判定，各位同意嗎？」

學生們討論了一下之後，回應道：「是的。」

康德道：「那我們繼續往下推理。康德一的行為明顯違反道德，那康德二的行為呢？施捨給窮人的確是件好事，這是符合道德的行為。」

學生回道：「但是他別有所圖！他的動機不純正。」

「是的，康德二的施捨只是給牧師看的表演，他的動機並不是為了幫助人。即便施捨行為本身是對的，但行為的道德判定牽涉到『動機』，這是第二個原則。為了討好別人或因害怕處罰而行善，都不是出於道德的行為，不是嗎？」

同學道：「是的。」

「我們進入康德三的例子。康德三做了對的行為，而且不是出於外在的利益，而是出於自己的『喜歡』，他對幫助窮人有『好感』。可是不得不說，如果行為出於『喜歡而去做』而不是『應該去做』，這仍跟我們設想的道德有差距。因為道德考慮的，不是喜歡或厭惡，而是責任與對錯，例子三與例子二其實是接近的，只是例子三中的動機隱藏得更深，感覺更無害。」

例子三引起了比較多的討論，同學們交頭接耳著，最後有位同學問：「難道喜歡做好事不能算是『好』的動機嗎？」

「這得看你的『好』是什麼意思了。出於喜歡去做，只是自然的結果，就好像人肚子餓了會去找食物，渴了去找水源一樣。因為一個人喜歡吃麵包而稱讚他吃麵包，聽起來不是很奇怪嗎？同樣的，只因為一個人喜歡說實話而稱讚他說實話，一樣奇怪。」

學生道：「是有些奇怪沒錯。」

「喜好是種自然的原因，自然原因無關對錯，責備盲人看不見，稱讚正常人看得見，都是沒有意義的。如果我們設計出某種藥，讓服用者因為喜歡說實話而從不撒謊，對服藥的人而言，誠實只是用藥結果罷了，稱不上『道德』。」

學生道：「所以出於自然的原因的行動不該以道德評論？」

康德回道：「至少我看不到反對的理由。這就是原則三，出於自然的行動無道德善惡可言。」

學生道：「可以同意。」

「我們來看最後一個例子。康德四不帶任何的喜好，他是出於覺得『應該這樣做』而去做，這是出於『義務』的行為。道德法則召喚我們，讓我們單單因為理解規則，就認可它們是『應該』的，無關任何好壞。當我們單單因為覺得這些是對的而去做，我們視這樣的法則為『義務』。有道德價值的行動必須出於義務而為，這是第四條原則。」

學生覆述道：「必須是因為義務，而不是因為喜好，對嗎？」

「是的。『義務』是放下一切的個人好惡，單純因為它是法則而去遵守。道德的價值來自於『義務』。」

這說法相當有意思，學生們開始熱烈討論著。過了一陣子之後有學生問道：

「這意思是道德絕不能是我們喜歡的行為嗎？」

「不是。準確的說法是道德必須跟我們的喜好『無關』。一個人對道德法則的態度，不能是出於喜好，因為這並不是真正良善的動機。當某個人不喜好某個行為，卻仍願意去做的時候，因義務而行就會格外清楚。若一個人能放下自己的喜好，單單從應該不應該的觀點去思考，並以此為唯一動機，那麼不管他喜不喜好這個行為，都可以有對的動機。」

學生們又思考討論了一下，然後道：「同意。」

「你們還要聽故事的結尾嗎？」

「當然要。」

「開心的老賴利得了三個銀幣，卻因為去酒館招搖而引來了歹人，因搶劫而喪生。這是壞的結果，但我們都清楚對錯應該與結果無關。謹記以下四條原則：

行為的對錯不能依結果來判定。

行為的對錯需要考慮行為的動機。

出於自然的行為無對錯可言。

有道德價值的行為必須是出於義務而為。」

康德講到四原則的最後一個字時，下課鈴響了，時間控制精準無比。

「謝謝同學。」

Cibala
老師碎碎念

伊曼努爾・康德 (Immanuel Kant, 1724.4.22–1804.2.12) 是啟蒙時代的著名德國哲學家，德國古典哲學創始人，其理論學說深深影響近代西方哲學，並開啟了德國觀念論和倫理學義務論等諸學派。

康德調和近代哲學中以笛卡兒為代表的理性主義，以及以洛克為代表的經驗主義兩大分支，提出了批判哲學的觀點，被認為是繼蘇格拉底、柏拉圖和亞里士多德後，西方最具影響力的思想家。

康德著作豐碩，其中具核心地位的三大著作被合稱為「三大批判」，即《純粹理性批判》、《實踐理性批判》和《判斷力批判》，這三部作品有系統地分別闡述他的知識學、倫理學和美學思想。此外，康德在宗教哲學、法律哲學和歷史哲學方面也有重要論著。

本故事介紹康德《實踐理性批判》中「定言令式」的觀點。這也是倫理學上義務論的觀點，認為道德價值必須出於我們對這些法則的尊敬，這個論點有非常大的說服力與眾多的追隨者。希望這個故事能幫助各位對倫理學有一些初步的了解。

哲學很有事，你也來試試

☆康德從康德一的例子中推論出什麼原則？
☆康德從康德二的例子中推論出什麼原則？
☆康德從康德三的例子中推論出什麼原則？
☆簡述康德四的行為。
☆康德從康德四的例子中推論出什麼原則？
☆你同意康德這種對道德的看法嗎？為什麼？康德認為道德的價值來自於什麼？

康德的沙龍之旅

遵從道德準則生活就是幸福的生活。

哲學家　亞里斯多德

一七六三年，哥尼斯堡。

這天，哥尼斯堡豔冠群芳的社交名媛凱瑟琳伯爵夫人為慶祝新婚，在自己的沙龍裡辦了場講學。講學的主角是當地有名的學者康德先生。

康德先生看來有點緊張。他穿著排扣紅底長外套，黑長褲配上綴鐵鏈的馬靴。雖然服飾本身的質料較差，卻是當時流行的打扮。

這並非康德第一次出席社交場合，但如此侷促不安卻是第一次。他翻看手中懷錶，過不了多久，又再看了一次。他發現自己的時間感被緊張給打亂，因此而更加緊張。

人面桃花的女主人凱瑟琳伯爵夫人走了過來。今天她穿著淡黃色底的合身上衣，胸前綴滿花結、蕾絲滾邊與寬邊緞帶，下半身是同色系的多褶裙與一雙紅色的尖頭鞋。

女主人湊近了康德身邊，輕聲在他耳邊說了幾句。康德突然像中了邪一樣，睜大眼睛，挺直身體，整張臉紅了起來。女主人見此嫣然一笑，齒若編貝。

僕人敲響入場鈴，眾人一起往講學房移動。講學房是標準巴洛克風格房間，地毯與窗簾對比強烈，胡桃木小桌上鋪著華麗桌巾與絨布墊。然而在智慧饗宴以前，社交活動是少不了的。社交標準程序是，先誇讚彼此頭銜，再恭維彼此的德行，接著炫耀自己的交友關係，最後矯情地致謝。康德是個平民，只能勉強以笑相陪。

對康德而言漫長的二十分鐘終於過去。

女主人道：「非常高興今天能請到康德先生，他今天的主題是幸福、道德與上帝。康德先生擁有敏銳的思考與豐富學養，我們就一起來分享他湧泉般的智慧吧！」

大家簡單地鼓掌。

康德抿了抿嘴唇，發出了這一周以來最抑揚頓挫的聲音。

「得蒙美麗女主人邀請，今日分享的主題是幸福、道德與上帝。我將從幸福與道德的兩條原則開始討論，分析兩者間的衝突，並由此反思我們至深的期待。」

康德講完這段話後，又用幾句話簡介了一下自己，沒想到居然有人已經開始打瞌睡，人類的睡意的確十分驚人。講者見狀況不對，開始用問題引起大家的注意力。

「我想請問各位身邊是否有因道德良善而受人敬重的人物，請舉例給我聽。」

「有！」

眾人開始七嘴八舌恭維與矯情起來。不過睡著的人也醒了過來。

康德問道：「那麼這些人當中，有沒有人雖然德行出眾，現實生活卻諸多不幸者？」

此語一出，大家陷入了一個短暫的寂靜。畢竟，在公開場合談論別人的不幸是有點敏感的。不過或許因為並不少見，還是有人願意分享。

貴族甲說了個好人卻遭逢不幸的例子，在說故事時，他臉上的不平之氣是很明顯的。

「我想問一個多餘的問題，各位是否為這些人的不幸遭遇而惋惜？」

在場所有人都立刻點著頭。

「各位的惋惜是基於哪一種原因？」

「總感覺有點不公平。」女主人答道：「我想這種不平感應該是很明顯的。」

「謝謝。不公平，不正義，甚至是不應該都是相近的答案。還有嗎？」

眾人陷入沉寂。

「我對各位的公正與憐憫感到敬佩。各位既然為有德者的不幸嘆息，感到不平，我們就能推得今日討論的第一條原則，有德者遭受不幸是不應該的，有德的人應該能得到『幸福』才對。這原則並非由『事實』歸納而來，因為世間的不幸並不會與各位的惋惜衝突。這條原則是從我們對道德跟公平的理解而來的，合乎『理性』。」

在場所有人點著頭。

「再推導另一個原則。各位若有孩子，想必關注於孩子的道德教育。在道德教育的開始，或許不排除以獎勵的方式進行，當孩子符合道德教養時，我們就稱讚他或給予喜好之物。」

「的確如此。」有孩子的貴族家長點點頭道。

「但獎勵最多只能當作道德教育的手段，而不是道德本身的目的。當一個人只是把獲得獎賞當作目的時，例如遵守諾言就得到獎勵，這種行為只是出於自利。到了一定階段之後，我們就必須讓被教育者了解，獎勵只是工具。人們必須自發地遵守道德原則，才算真正理解它。」

康德講完這一段之後，不少貴族開始點頭，但還是有人有些疑問。

有位貴族問道：「你的意思是不是說，道德不應該是為了有好處而去追求，如果有一天這種誘因消失了，那這個人的行為就可能違反道德？」

「不只如此，我說的要更嚴肅一些。我不只擔心一個人可能會因缺乏誘因，而做不道德的事，還要強調即使做了好的行為，自利的動機也會破壞行為的道德性。一個人即使一生都沒有違反過道德準則，若他只是因為守規矩對自己有好處，不能說他的守規矩是道德的。」

「很有道理。道德的確不該自利害論。」女主人附和道：「如果追求善行就得到幸福，作惡就會慘遭橫死，不只人不敢作惡，就算是善行，也只是人為求自保的權宜之計。」

在場所有人點著頭。

康德道：「所以我們得到第二條合理的原則：道德不該是幸福的手段。道德『不應該』被獎賞。」

在場所有人點著頭。

「我們對比這兩條原則：原則一：有德的人遭受不幸，是不應該的。原則二：道德不應該是獲得幸福的手段，道德不應該被獎賞。由原則一我們可以推出，有德者應該得到幸福，由原則二我們可以推出，有德者不該得到幸福。」

在場所有人面面相覷。

只有女主人開始跟上思考進度，她問道：「所以這兩條原則是衝突的嗎？」

康德對女主人露出肯定的微笑，這一瞬間兩人都想起了，康德在當女主人家庭教師時的美好時光。

康德繼續道：「是的。這引出了福德問題的兩難，若有德者應該得幸福，則違背原則二。若有德者無法得到幸福，則違背原則一。原則一和原則二看來都符合理性，理性思考不應該會導致矛盾才對，這該如何解決呢？」

在場所有人開始討論了一陣子，最後面面相覷。

「放棄理性思考？」女主人露出調皮的笑容道。

「這是個方法，卻不是個好方法。這好像為了怕肚子疼而停止進食，怕下雨而痛恨出門一樣。有更簡單的解法。」

在場人士苦思不得其解，只好引頸期盼康德的結論。

康德結論道：「原則一中有德者『應該』得到幸福這句話需要仔細想想。人類的思考沒有辦法『決定』事實該怎樣發生，而只能『希望』如此。我們希望有德者得到幸福，希望的背後，是因為我們認為有德者具有得到幸福的價值，換句話說，『配得幸福』：有德者『配得幸福』。」

「配得幸福？」一位聽眾覆述道。

康德對著他點點頭。

女主人率先發出了我聽懂了的驚嘆。聽眾們則是陷入了討論與騷動。

康德補充道：「也因為有德者僅僅是配得幸福，幸福不該是道德的目的，道德僅僅是為了與可能的幸福相配。」

一陣子之後越來越多人弄懂了，康德的演講成功了。

「如果這點沒有疑問，我們要從此推出最後一個結論。如果接受有德者『得到』幸福是我們的『期待』。這個『得到』不是出於自然或此生，以免與原則二相衝突，所以，這個『得到』應該出於彼岸或超自然。所以，我們期待審判者的存在。福德關係的討論無法直接證明上帝存在，卻可以讓我們了解，人們的確『期待』審判者從超然的角度主持正義，讓相配的福德一致。這期待不是出於憑空捏造，而是原本就藏於思考之中，從我們對福德關係的分析推演而來。」

眾人開始一陣討論與騷動。又從一兩個人的弄懂開始，大家漸漸了解到康德思想的力量。這的確是場思考的盛宴。

講學結束之後，女主人過來同康德談話。

「康德先生，太精彩了。推理縝密，結論又精彩絕倫。大部分人只要有其中一個就是能稱得上有名的學者，而您卻兩者兼備。」

「託您的福。」康德回道。

「康德先生，您對我的新婚事看法如何？」

「自然是出於明智與榮耀的選擇。」康德無奈地答道。

「您真的如此認為嗎？」

康德沒有答腔，反而是把眼光轉了開來，兩人陷入一片沉默。最後是伯爵夫人先打破了沉默。

「我並不輕視平民，但您應該很清楚，我倆身分的差距。我想跟您說，正如您所說的，雖然您現在的身分是未婚，您的聰明才智應該是足以匹配上任何女人。」女主人停頓了一下之後道：「當然也足以配得上一位伯爵夫人的。」

這是伯爵夫人在康德耳邊留下的最後一句話，然後她離開了他的身邊。伯爵夫人與康德終因身分的差距不可能有結果。潛心於學術的康德終身未娶，不過他在哲學上的才智沒有被埋沒，成為近代哲學中最耀眼的新星。

Cibala 老師碎碎念

本故事的主角是德國哲學家康德。本故事想帶出的是他在宗教哲學上的觀點，一個期待上帝的論證。

雖然這個論證在康德的作品裡不算是熱門項目，但這個論點很具康德思想的特色：從兩個看起來兩難原則的矛盾，進行深入的分析，發現理性沒有意識到自身而產生的誤用，最後檢討之後解決了兩難。並藉此重新思考思考的意義。

雖然我們沒有特闢故事談康德的《純粹理性批判》，但這本書也有濃厚從兩難推出新思路的色彩，或許，這就是這一篇故事背後真正想帶出的思考。

哲學很有事，你也來試試

- 康德對福德關係所提出的第一條原則是什麼？
- 康德對福德關係所提出的第二條原則是什麼？
- 康德對福德關係之間的如何衝突如何調解？
- 康德有提出上帝存在的論證嗎？簡述他的說法。
- 你覺得，為了得到好處而做好事，是不道德的嗎？

羅伯斯比爾的演講

「這是一場暴動嗎？」

「不，陛下，這是一場革命。」

路易十六與羅什福科公爵的對話

一七八九年，法國巴黎。

法國正處於前所未有的動盪中。

一七八八年春天法國發生旱災，全國小麥歉收。隔年，路易十六因七年戰爭引發財政危機，想增加平民的賦稅。但此時正逢巴黎穀物價格上漲，人民生活困苦。不滿的情緒益發激動，最後在一七八九年的三級會議中爆發。

人民在六月發表〈網球場宣言〉，七月十四日攻陷巴士底監獄，並在十月強迫法國國王自凡爾賽宮返回巴黎處理政事。大革命的火焰在整個巴黎燃燒。

在革命志士中，有個三十歲的年輕人相當受矚目，他叫羅伯斯比爾。羅伯斯比爾是國民議會代表，雅各賓俱樂部成員。他懷著滿腔的熱誠，想在亂世中解救這個國家。

身材高瘦，眼神純真的羅伯斯比爾穿著筆挺的革命軍服，表情嚴肅，皺緊眉頭地思索著。他的雙手緊握著哲學家盧梭的名著《社會契約論》，這本他自己也算不清讀了多少次的小書。羅伯斯比爾堅信，法國的未來跟這本書有關。

「先知，就看今天了。」他對著自己手中的書說。

令羅伯斯比爾緊張的是革命黨人的會議。在一連串革命行動之後，革命果實越來越成熟，但對理想藍圖的期望也越來越高。只是越談到理想，革命黨人的分歧也就越嚴重，有人主張保留皇室設立憲法，也有人主張設立新的議會。有人認為溫和平穩才能減少不必要的犧牲，也有人崇尚大刀闊斧，一次性地解決問題。為此，他們召開會議，希望集結眾人的智慧能做出最好的選擇。

羅伯斯比爾在會議中要向革命志士們演講，他期望說服大家，他心中那個獨特的美好的祖國。

「下一位，羅伯斯比爾。」

羅伯斯比爾握緊拳頭上臺，臺下沒有掌聲，每個革命黨人都用像劍一樣的銳利目光直視著他，彷彿這份專注就是革命黨人的歡呼。

羅伯斯比爾深吸了一口氣之後道：「人生而自由，卻無處不處於暴政的枷鎖中。先知曉諭我們，政府的目的是為了保護人天生的自由與平等。當君主腐敗，篡奪國家主權，侵害人民的基本權利的時候，被壓迫的人民就有權推翻暴君。當人民被迫服從時，他們做得對；當人民打破自己身上的桎梏，起身反抗壓迫時，他們就做得更對。因為人民根據的正是別人剝奪他們自由時所根據的權利，來恢復他們的自由。」

羅伯斯比爾說完這段話，所有人一齊熱烈鼓掌。

「革命確立了『反抗壓迫』本身就是一種權利，而革命也將堅定地朝著未來前進。革命是永遠不會停止的，因為革命要確保的，是人民永恆的權利與義務，人民的聲音就是上帝的聲音。」

這段跟前一段的意思差不多，革命黨人不再拍手，他們想聽更多實質的東西。

「在今天，革命的勝利已經毋庸置疑，接下來我們要確立新法國的基本政策。首先最要緊的是廢除一切封建制度的貴族，這是所有政策中最重要，最優先的一條。一位貴族跟一個牧人都有兩條腿，也都只有一個肚子。法國貴族除了控制人民，奴役人民，坐享特權，又做了些什麼呢？」

羅伯斯比爾說到這邊，坐在長桌左側平民出身的革命黨人開始點頭，而坐在長桌右側貴族跟有產階級出身的革命黨人，則皺起了眉頭。

「有人說，貴族不見得就是壞人，這我承認。但麻煩的是貴族本身的存在，就成了人民被另一個階級奴役的事實。當人民處在被奴役的狀態下，個人既不自由，社會也不平等。掙脫被奴役的過程既是追求自由，也是追求平等。」

「說的好！」左側有人大喊道。

「人類生來就是自由平等的，一切政治結社的目的都在於維護人類的自然權利。因此財產的封建性質和世代相承的貴族頭銜一律廢除，任何人不得再保留親王、公爵、侯爵、伯爵、子爵、男爵、騎士……貴族頭銜。法律之前一律平等，既沒有主人，也沒有奴隸。」

有人問道：「廢除了貴族跟皇室，又該由誰來統治呢？」

「自然是由『人民』來統治。如果真要說具體的細節，我會說是由『法律』來統治。王權時代的暴政追求權力，政治只是為了角逐奴隸主人的位置。但這個時代過去了，出於人民意志的革命政府以『法律』為政治的核心，政治的目的不再是權力，而是『法律』。『法律』是人民的意志，是自由的象徵，是統治的最高準則。統治能夠因法律的完備而進步。」

聽眾大多點頭表示同意。

羅伯斯比爾認真的道：「這是第二件重要的事。我們必須依照全體人民的普遍意志，訂定維護秩序的法律，以公正嚴明的態度在法蘭西所有的土地上執行，並保障人民做法律禁止行為以外一切事的權利。」

所有的革命黨人都為羅伯斯比爾鼓掌。

「第三件重要的事一樣迫在眉睫。要實現人類的平等，經濟上的平等不可或缺，必須讓人人都有一些東西又沒有人有過多的東西。政府的最重要的任務之一，就是要防止財富分配的不平等。」

這一點，恐怕不只貴族黨人有顧忌，連有產階級的黨人也開始猶豫了。羅伯斯比爾很明顯地選擇了窮人百姓這一邊。

「我認為應該給予政府更多干涉財富分配的權力。一切損害人民生計的投機活動都不能算是貿易，而是『搶劫』，應該被嚴格禁止。政府應規定全國的糧食、日用品以及原料的物價，禁止商人囤積貨品。另外，在政府財政需求上，富人應該比窮人負擔更多，因此政府應修改徵稅方式，阻止財富集中，使得國民的財產與機會更平均。」

「你這才是主張政府有權搶劫！」有人大喊著。

「平均分配資源當然是政府的任務，貧富差距是社會的不正義，是痛苦與動盪的根源，如果政府連這都不處理，那統治也只是無能地看守著地獄。」

這段論述引起了革命黨人很大反應，大家紛紛交頭接耳討論著。從氣氛似乎感受得出來，左側的黨人是無條件支持這種觀點的，而右側黨人則傾向反對。

「第四點，在政府權力構成上，我深信先知主張的公權力屬於全體人民。國家公權力是人民的意志，是統一而不可分割的。所有的公權力，不管是訂立法律的權力、執行法律的權力、開戰權、徵稅權等都屬於人民所組成的政府，絕對不可分割。沒有一個組織或機構，可以代理、購買或取得任何一項政府的公權力。」

「所以呢？」有人喊著。

「所以，我反對英國那種分為兩院的議會，也反對美國那種三權分立的政府組織，這都會降低政府的效率，削弱人民的力量。站在人民對立面的都是人民的敵人，為了捍衛自由，國民公會可以採取一切手段捍衛革命。」

有個右側的革命黨人高喊道：「可是這樣誰能來監督跟制衡政府？」

「政府既然是人民的意志，為什麼需要監督？」羅伯斯比爾大聲問道。

「那如果政府失能如今日呢？」那人高喊。

羅伯斯比爾回道：「那還用說嗎？巴黎的槍聲一響，就是革命的時候來臨了。」

有人大喊：「這個人是動亂分子，叫他下來，把那個人拉下來。」

另一人高喊：「革命無罪，他說的有什麼不對？」

有人開始衝上去拉扯羅伯斯比爾，但也有一堆人試圖阻擋他，羅伯斯比爾在拉扯中高喊道：「對抗革命就是對抗人民的意志！」

羅伯斯比爾就這樣被請下了臺。

這次事件後羅伯斯比爾依然在大革命中活躍著，他主張處死路易十六的政見得到大多數人的支持。一七九三年羅伯斯比爾取得了國民會議的權力，但他卻用來整肅異己，後世稱此為「雅各賓恐怖專政」。一七九四年七月二十八日，他被革命議會逮捕並處決。

Cibala 老師碎碎念

本篇故事的主角雖然是羅伯斯比爾（法語：Maximilien François Marie Isidore de Robespierre, 1758.5.6–1794.7.28），但其實是想簡介盧梭的政治思想。盧梭的想法直接影響了法國大革命，是近代政治思想中不可或缺的梁柱。

盧梭的政治思想蘊含著強大的張力，在他的世界裡，人類一方面應享有無限自由的，另一方面又賦給了政府無限的權力。本故事不談政治理論本身的問題，只是把幾個重要特色，如廢除階級、財產公平化、人民主權以及支持革命的態度，用羅伯斯比爾提點出來。

法國大革命的重要人物羅伯斯比爾篤信盧梭的思想，是左派雅各賓黨的首腦人物。以他為代表，來敘述盧梭的思想，我認為再適合不過了。另外，這個故事也略提點了一下左派跟右派在「財產分配」這個議題上的對立，這個對立延續到了二十一世紀，繼續在各個不同國家的政治中影響大局。

哲學很有事，你也來試試

☆羅伯斯比爾認為新政府第一優先的政策是什麼？

☆羅伯斯比爾認為新政府應該由誰來統治？

☆羅伯斯比爾認為新政府第二件要務是什麼？

☆羅伯斯比爾認為新政府第三件要務是什麼？

☆羅伯斯比爾認為新政府需要注意的第四要點是什麼？

☆羅伯斯比爾認為要如何處理政府的失能？

☆你覺得調整物價，甚至劫富濟貧，能說是政府該做的事嗎？為什麼？

裁縫瑪莉

「女性主義」與「平等」是同義詞。

英國女演員　艾瑪・華森

一七九七年，法國巴黎。

大革命的烈火依然焚燒著法國，前一年，法國將軍拿破崙‧波拿巴遠征成功，讓法國軍人權力越來越大。但整個法國大革命的去向，在經過吉倫特派，雅各賓派以及熱月黨執政之後，變得越來越複雜，越來越期待一位勇者斬斷所有糾結。（至於那位勇者是誰，巴黎街頭的每個人都已經知道了。）

在巴黎東北一間小酒館裡，一位出色的女裁縫——瑪莉，在完成一筆重要的委託之後，三位男同事請她上酒館慶祝。瑪莉有一頭漂亮的金髮，輪廓深刻，身材姣好，但總是穿著工作用的男裝。因為這三人不怎麼重要，我們就先叫他們A、B、C好了。

酒過數巡，在場四人都有些醉意。

同事A：「戰爭十分順利，共和國越來越穩定，好日子就快來臨了。」

同事B：「可是英國人不用經歷這一切，就能過好日子。」

同事A：「話不能這麼說。只要有人民被剝奪基本權利的國家就不再是共和國，對面那個還有皇室跟貴族的國家怎麼能跟共和國相比？」

同事C：「說的太好了，被壓迫的不自由跟不平等，比死還不如呢！」

「你們真的這麼認為嗎？」唯一的女性說話了。瑪莉發言素以強悍犀利聞名。今天還帶著幾分醉意。

同事A：「不開玩笑，我們三個人對共和國追求自由平等的理念是絕對忠誠的。」三人一起為共和國乾了一杯。

瑪莉怒道：「你們是一群偽善者，假裝革命，聲稱自己擁護自由平等，其實是用來防止被壓迫者抵抗。」

同事C：「我不懂妳在說什麼。」

同事A：「我也不懂。」

「你們沒發現在你們面前，就有一大群被壓迫的人，數量還是巴黎人口的一半。」

同事A：「怎麼可能？」

同事C：「妳到底說誰？」

同事B：「非洲那些皮膚黑黑的野人嗎？」

「我說『我們』！你們這些臭男人！你們沒有一個不是女人生出來的，卻終生欺壓女人。」瑪莉一邊說，一邊爬上桌子，像是先知坐在三人的面前。

「欺壓女人？怎麼可能？我們疼愛都來不及！」同事B用一種低級揶揄的語氣大笑道。其他兩人也跟著一起笑。

「先疼愛你自己吧！」瑪莉拿起一杯酒，直接澆在B的頭上。A與C傻了眼，不敢立刻回應。

「當男人的工具跟財產？我才不希罕。我希望被當成獨立的個體來對待，一個完完整整，有思想有意志的獨立個體，能支配自己的財產，經營自己的人生。」瑪莉邊說邊站在桌上。三人被這舉動嚇了一大跳。

同事A首先發難，他道：「妳是在說女人的權利嗎？可是我認識的女人，沒有一個被監禁，每一個都過得好好的，有個叫瑪莉的還能來喝酒呢，哪有被剝奪什麼權利，我看是妳喝醉了吧？」

三個人又大笑了起來。

「除了沒有被監禁之外，成長期女性沒有受教育的權利，已結婚的婦女沒有工作權，產權也併入丈夫的所有權之下。大部分工作對女性不開放，女人除了結婚育兒，根本無法選擇自己的人生。無法參與政治，甚至連代表女人爭取權利的政治團體都沒有。」

砰的一聲，瑪莉用力拍了桌子一下，然後道：「為什麼男人能擁有這些？因為你們具有思考能力，能自主做決定，所以值得擁有這些自然權利嗎？」

驚呆三人組一想這樣說並沒有錯，連忙點頭稱是。

「既然男人因為能思考而擁有權利，同樣能思考的女人當然也應享有相同的權利。諷刺的是，雖然沒有任何憲法賦予女人應有的權利，女人應繳的稅金卻一點都沒少。英式原則，如果個體無法享受權利就不該對之課稅，依這條原則，所有的女人都不用繳稅。」

過了一陣子，同事C才回道：「我想大家都很難否認，家是女人的天下，上帝造男女是互補的，女人天生適合家務。」

「互補？」瑪莉大聲道：「某個人比另一個人更適合家務，這跟財產權有什麼關係？跟能否決定自己的人生有什麼關係？如果某人比別人更擅長打鐵，他就不能決定過打鐵以外的人生？這跟一個族群能否有代表為他爭取權利又有什麼關係？」

面對一串反詰，C知自己理虧，只好換人上陣。

同事B回道：「或許現在講這妳會生氣，但事實勝於雄辯，看看歷史很難否認，男性幾乎在各方面的表現都要比女性更好。」

瑪莉回道：「過去是這樣沒錯，但男性天生比女性優秀，從未被公平證實，因為很難否認這是不平等的『結果』，而非原因。男人受更好的教育，被更多人期待關注，對生涯也更有自主權。但即使女性能力較差是真的，我們也不該將自然權利限於有才能之人。笛卡兒先生固然才智過人，也不會因此而成為唯一應該受教育的人，或別人生涯的主人。人的權利應該完全取決於他是人，而非能力，因為權利的意義就是公平地賦予『所有人』。除非『所有人』都擁有相同的權利，否則沒有任何人擁有真正的權利，只有少部分人才有的是『特權』，不是『權利』。」

同事B又無話可回，只好換人上場。

同事A結結巴巴地回道：「我覺得女性權利並不是不對，而是對現在的共和國來說改變太大，也違背傳統價值觀……」

「這只是藉口罷了。」瑪莉打斷他的話回道：「論到傳統價值觀，一七七六年之前女人可以以攝政王姿態統治法國，在一七七六年後，沒有丈夫的批准，一個女人就無法當巴黎的裁縫，哪一邊違背傳統價值觀？況且，賦予女性相同的權利完全不會影響到男人本有的權利，一分一毫也不會失去，只會解放更多的人群，這就是『革命』。到底是你們善於忌妒，還是你們想永遠當統治另一個階級的新貴族？」

同事A明顯不敵，酒吧老闆忍不住加入戰局，他道：「妳說男女應該有平等的權利，妳是在抱怨，還是真的清楚自己想爭取什麼嗎？」

「清楚的不能再清楚。首先，教育對女性開放，女性不得因性別被排除在任何教育之外。其次，社會職缺應該對男女一視同仁，男性在體力上有優勢，但社會中單靠體力的工作越來越少，女性工作機會應該越來越多。第三，也是最困難的，已婚婦女被視為產權上獨立的個體。現行法律夫妻是以丈夫為代表，未經丈夫允許，婦女不得擁有財產，簽署合同，甚至保留自己的工資。女人僅僅是配偶，這正是不平等的極致。」瑪莉邊說邊掃視了四人一眼，四個人都不敢接觸她銳利的目光。

「最後才是投票問題，女人應該有投票權，能表達自己對公共事務的意見。」

老闆道：「妳這樣說好像所有女人都巴不得上街投票爭取權利似的，萬一女人不願意離開家庭，不喜歡追求權利，那怎麼辦呢？」

瑪莉回道：「革命需要有溝通、傳播、被理解的時間。所以即使有女性滿於現狀，也要違反意願給她權利。任何進步都會有守舊人士阻擋，有些阻擋者純真善良，只是難以接受變革罷了。但這並不構成阻擋革命的理由，大革命的巨輪往前轉動，為的是整個時代的解放與進步。不管願意不願意，世界的景色都必將因此而改變。」

沒有人敢繼續發言。

瑪莉道：「父親很早就告訴我這一點，他要我養成工作的習慣，自給自足過生活，雖然可能變窮，卻不用依賴別人。讓人獨立的事物也讓人更幸福，當一個人因自己的意志而行動時，能感受到的幸福也更多。」

「妳的父親到底是誰？」

「我的父親是馬利．讓．安托萬．尼古拉．德．卡里塔，孔多塞侯爵。」

瑪莉驕傲地說出父親的名字，卻掩不住眼角的淚。

Cibala
老師碎碎念

本故事的主角是馬利・讓・安托萬・尼古拉・德・卡里塔，孔多塞侯爵（法語・Marie Jean Antoine Nicolas de Caritat, marquis de Condorcet, 1743.9.17–1794.3.28），十八世紀法國啟蒙運動時期傑出人士，同時也是一位數學家和哲學家。一七八二年當選法蘭西科學院院士。

一七八九年爆發的法國大革命，他是法蘭西第一共和國的重要奠基人，起草了〈吉倫特憲法〉。他也是法國革命領導人中為數不多公開主張女性應該擁有與男子相同的財產權、投票權、工作權以及接受公共教育權的人。一七九三年七月，雅各賓派以「密謀者」為罪名追捕孔多塞，在九個月的逃亡生涯中，孔多塞完成了《人類精神進步史表綱要》。成為法國啟蒙運動的重要遺產，並對後來的思想家造成了深遠的影響。

孔多塞後來被捕，在獄中死亡。他的確有一個女兒，因此筆者便以她為故事主角，講了一個關於「女性主義」的故事。今天女性權利在不少國家已經得到改善，但仍有一些文化與思考上的習慣值得注意。

哲學很有事，你也來試試

- ☆瑪莉認為女性缺少哪些權利？
- ☆瑪莉認為女性為什麼能享有權利？
- ☆瑪莉如何回答男性比女性優秀的問題？
- ☆瑪莉如何回答不是所有女性都喜歡追求權利的問題？
- ☆你認為今天的社會男女平等了嗎？為什麼？

學生邊沁

人類一切努力的目的在於獲得幸福。

英國作家　羅伯特・歐文

一七六二年，英國牛津大學。

艾斯可老師正在上道德哲學課。艾斯可是個矮小男人，刻板的臉孔一如其生活。他講課的聲量很大，學生不喜歡，本人卻十分陶醉。他認為能幫牛津的學生上道德哲學課不僅只是「重要」，甚至該用「神聖」兩字來形容。因為牛津現在的學生奢靡放蕩，連門口校警都感覺得出來。

這堂課大多學生興趣缺缺，毫不遮掩。有人在課堂上嘻笑聊天，也有人在課堂上發呆放空。不過有位名叫「邊沁」的學生極度專心，雙眼緊盯住艾斯可的臉，耳朵認真地收集老師口中的字句，腦袋高速地運轉著。

邊沁是一個外表高挺健壯，沉默寡言，有點不近人情的學生。他討厭社交活動，把一切心力都投注在課程上。

艾斯可老師朗聲道：「然而人類再不堪，跟純粹的野獸還是有所不同。那個不同點就是人類是有『道德』的動物。我們不會仗勢欺人，不會見死不救，願意幫助彼此，通力合作。道德是文明的力量跟光輝。」

「老師。」邊沁舉手發言了，他道：「可是明明就會，每個人都曾遇過人仗勢欺人、見死不救，不願互助合作的時候。」

艾斯可道：「可是當一個人這樣做的時候，就我看來就是隻野獸。」

邊沁回道：「老師，你的意思是一個人會在野獸跟人類之間變來變去嗎？」

同學們因他這發言笑了起來，反而開始聽課。

「你都讀到大學了。還不了解這是個『隱喻』嗎？」

「那老師你的意思是人與動物的不同這整段話也都是隱喻囉？」

「我認為不是，我的確認為道德是偉大、光輝甚至神聖之物，讓人跟動物完全不同。」

「既然不是隱喻，老師有研究過動物，確認牠們沒有你說的神聖之物嗎？」

「這個，我覺得就是種常識罷了。難道你連常識也沒有嗎？」

「我倒覺得不經推證就說是常識是很危險的。常識曾讓我們相信，地球是平的，太陽繞地球而轉，或國王必定是神之子。現在看這些都是愚蠢荒謬之說。」

「這完全不同吧？難道你認為動物也和人一樣有良心？」

「良心？」

艾斯可藉著這機會抓住全班同學的注意力，像演講一般道：「是的，良心是自然賦予人的理性，讓我們認識道德規律，認識行動的對錯。良心告訴我們說謊是錯誤的，誠實是正確的，要我們行事公正，憐憫弱者。這些規則像刻印在我們心上一樣，不需要威脅利誘，就讓人自發遵從。而且一旦我們出於外力勉強去做，行動的道德意義就會消失。」

「那請問老師到底什麼是『良心』？」

「都這樣說了你還不懂嗎？良心是我們的道德意識，是理性的法則，是自然賦予我們的公平正義。每個人內心都有良知，雖然有時會被欲望蒙蔽，只要稍稍反省就能重新意識到。認為動物也有良心，跟認為動物具有反省能力一樣荒謬。」

「所以這就是你的論點，用『良心』解釋『道德』？」

「當然，這是唯一的解釋，也是我們跟動物不同之處。」

「真是太驚人了。老師，你能讓我表述我的看法嗎？」

「當然可以，這裡是自由討論的課堂。你改變意見了嗎？」艾斯可語中帶著喜悅。

「可笑，我不太相信這時代還會有人相信這種論調。在這個時代，不管是物理學、化學、醫學，工藝製造甚至社會組織，所有的精神文明都在進步，而所有進步的事物都有一個共同的特色。」

「什麼特色？」

「那就是他們把研究建基在可實驗、可觀察、可測量的自然現象之上。這是學科能累積研究，確認假說，達至進步的關鍵。任何學科，如果無法做到這一點，終將被時代所拋棄。」

「這跟我又有什麼關係？」

「還不懂嗎？你所說的『良心』、『理性法則』、『道德意識』全都是不可知不可測的空洞話語。你只是把一些空洞語詞相互解釋，繞了一大圈後停下來，自以為了不起。其實也不奇怪，當語言跟觀察斷了聯繫，剩下的的確只有迴圈般的囈語。」

邊沁這段流利的發言讓所有人呆了半晌，然後在心底為他叫好。

艾斯可勉勉強強回道：「人有許多特性是不能像你說的那樣觀察實驗的。」

「對，很久以前，人們曾經相信很多事物都不能觀察實驗。但是今天，物理學跟醫學用量化觀測的方法獲得了空前進步，再也無法返回停滯不前的過去。

能觀察、能量化，分析才值得信賴。拜自然學科進步之賜，許多跟人有關的學科也往這個方向轉變，經濟學、法律學、政治學都開始了，道德哲學的轉向只是時間問題罷了。如果你願意，這種道德哲學理論我馬上就可以講給你聽，沒有任何邏輯上的瑕疵。」

邊沁說完這話，或許是想讓艾斯可老師難堪，四周同學反而一起拍起手來，艾斯可露出無可奈何的表情，讓他繼續。

「道德意識的來源很簡單，道德意識來自於『幸福』，對的行動就是能產生最大『幸福』的行動。」

艾斯可逼問道：「最大『幸福』？那什麼是『幸福』呢？」

「人類是自然界的一分子，再自以為獨特，依然逃不了作為『生物』的身分。作為生物，人類幸福到底只受制於兩位君王，痛苦與快樂，而且是生理可以觀測的苦樂。一個人可以假裝不受兩者統治，實際上卻未曾離開王國一步。

痛苦和快樂是人行動的最終原因，也是獲得幸福唯一的手段。」

艾斯可笑道：「原來你說的就是身體的痛苦跟快樂而已啊！這樣說根本就不符事實，人的行動才沒有這麼簡單。犧牲跟無私即便不是人人願意，事實上卻是存在的，這怎麼可能只用痛苦跟快樂來解釋。」

「即便忠言逆耳，弄清事實才能解決問題。人由於群居的政治、法律乃至教育都會給人壓力，壓力併入計算後，便產生了犧牲無私的假象。然而人終究不能逃開自己所是，身體的苦樂才是主宰。不管在哪個國家文化裡，人們懲罰犯人的方式是傷害身體或限制自由，而不是讓他們思考難題或被良心折磨。大部分人工作是為賺取能換來快樂的金錢，而不是成就心靈感受。喜歡強調心靈大過於身體的，通常是沒有直接生產力的人。」

大家哈哈大笑。艾斯可則皺起了眉頭。

「跟你所說的『良心』完全不同，痛苦與快樂的感覺可以測量，並且用數字表現。再依照兩者的強度、持續時間的計算加成，快樂減去痛苦就是行為所帶來的『幸福』。『幸福』就是快樂減去痛苦的殘餘。對人類幸福不實的幻想，往往才是造成人類不幸的原因。」

「這種『幸福』的解釋實在太狹窄了……」艾斯可接不下去，因為一時想不到夠有說服力的理由。

邊沁不理批評繼續道：「如果幸福沒有問題，下一步就是拋開個人情緒，認真地問自己，對社會來說一個行動之所以為善，是因為它能為最多數量的個人帶來最大幸福，這難道不對嗎？有可能有人反對嗎？放開那些關於空洞良心的妄想，拋開華而不實的道德理論，我們有任何理由去反對這說法，或禁止這種行動嗎？」

同學們一邊討論，一邊開始點頭。

「這就是我的論點。任何行動之所以是對的、是道德的，是因為它能為最大數量的個人帶來最大幸福，道德除了讓人幸福之外都是空談。另外，社會在計算幸福時應該完全不考慮每個人的身分、能力或任何特性，單純只就他是一個個人來計量。一個國王與兩個平民相比，兩個平民就勝出。道德就是以最多人的幸福，衡量一切是非。」

「這真的是你的論點嗎？」艾斯可似乎想到了什麼，但他需要一點思考的時間。

「是的。這觀點不只清楚，也能讓道德指引政治與法律進步的方向。」

艾斯可拋出最後一個，也是最有趣的一個批評。「如果身體的痛苦跟快樂就算幸福，動物也有痛苦跟快樂啊！那為什麼我們不考慮動物的幸福，沒有動物的道德，甚至動物的權利？」

艾斯可以滿意的口吻說完這句話後，一個不可思議的事件發生了！教室窗外飛進一隻小鴿子，恰好停在邊沁的桌子上。

突如其來的事件與問題，同學們都屏息等待他的回答。

邊沁深吸了一口氣，以認真的語氣道：「會有的。關於動物的道德倫理，甚至權利，現在沒有，將來一定會有，在人類道德意識更進步的將來。」

小鴿子看著邊沁，發出咕嚕咕嚕的聲音，眼神清澈。

Cibala 老師碎碎念

傑瑞米・邊沁 (Jeremy Bentham, 1748.2.15–1832.6.6)，英國哲學家、法學家和社會改革家。他是最早支持效益主義和動物權利的人之一。在他的《道德與立法原理》一書中，他明確地主張效益主義的原則，能為大多數人帶來幸福的行為就是對的行為，並認為這個原則能為人類的公共事務指引永恆的方向。

邊沁認為每個個體的快樂跟痛苦都是完全平等的，這使得他進一步主張，只要能感知到痛苦的個體就是道德關懷的對象。他是早期主張動物權利的哲學家，而在二十世紀的後半，爭取動物權利的社會運動也視他為先驅。

哲學很有事，你也來試試

☆艾斯可如何回答什麼是「良心」？

☆邊沁認為所有進步的精神文明共同的特色是什麼？

☆邊沁認為道德的來源是什麼？

☆邊沁如何解釋「幸福」？

☆邊沁如何回答動物也有幸福、也可能有倫理或道德的問題？

☆動物有痛苦，你覺得造成動物痛苦是不應該的嗎？為什麼？

☆你覺得「吃動物」是應該的嗎？為什麼？

末日後的啟蒙

「啟蒙」是人類掙脫自己造成的理性未成年狀態。

德國哲學家　康德

二〇七〇年，地球某處。

二〇五〇年開始，地球陷入了十年的世界大戰，全球性的核武與生化戰爭把人類種族與文明全送進地獄。二〇六三年人類從地球上完全滅絕，地球表面只剩下充滿了毒氣的大氣層，核汙染的廢墟，以及特殊的，危險的變種生物。

雖然已經沒有人了，但我們還是姑且稱他們「外星人」吧！有兩位外星人乘著飛行器，在地表悄悄降落。他們經過時掃描到一個大型的地下建築，想試著搜索與人類相關的資料。

外星人身著動力裝甲，拿著荷電粒子砲走下飛行器，迎接他們的是一團橘紅色，能見度非常低的劇毒霧靄。無人的地表到處是大型變種蠍與變種蟑螂，這些物種體型巨大，動作又極度敏捷，對中等體型的宇宙生物是很大的威脅。

這兩名外星人能用心意溝通，所以完全不需要說話，以下所描述的對話，是他們在意念間傳輸的訊號。

「有大型生物，在前方五十公尺處，高速接近中。」

「我正在找往下的樓梯。能見度太低了。」另一位外星人回道。

「生物接近，運動速度B級，就射擊準備。」外星人手持粒子砲戒備。

「直接開槍。」

粒子砲壓縮噴射出的粒子是完全看不見的，只有在擊中物體時才能察覺，蠍子身體前端因粒子高速衝撞而炸裂開來，不過這似乎不是要害。大型變種蠍繼續高速衝撞，將射擊的外星人撞飛了數十公尺遠，幸好對方穿著全套動力裝甲。

「攻擊失敗！」

「射擊範圍太小，不清楚要害在哪，我用切割刀好了。」另一位外星人騰空而起，機體末端伸出一支閃著藍光的熱能切割刀。動力裝甲以高速縱橫掠過變種蠍的身邊，來回兩次之後，變種蠍動作終於停止了，牠巨大的身體已經被切成四塊。

「我找到入口了。」被撞飛的外星人，很幸運地跌在地下室的入口附近。

兩名外星人切開門後順著鐵梯往下，發現了一個很大的防空洞，裡面有一個家庭生活的遺跡，以及遺骸。

兩名外星人四處搜尋著，想找一些之前沒收集到的人類文物。

「這是什麼？」外星人拿起一片光碟道。

「這是存資料的機器，我們之前破解過這些資料格式。」接著他把光碟放進動力裝甲的萬用處理槽中，過了大約三十秒，兩個外星人的「眼」（如果你把這稱為眼的話）前都出現了相同的影像。

「這是教學資料的光碟。大部分資料我們都已經有了。這是什麼？」

「它上面的標題寫著『何謂啟蒙』。」

『啟蒙』我聽過這個詞，不過沒完全了解它的意思，也許這裡的資料會多一些。」外星人早已學會了地球上的幾種主要語言，閱讀流利，只是不需要聽寫說。

「那你點進去看看吧！」

接著出現了一個影片，影片中人穿著打扮是十八世紀的人，應該是後人仿古演出的。字幕上寫著：

「啟蒙」是人類掙脫自己造成的理性未成年狀態。所謂「理性未成年狀態」是指人類不去使用理性，而不是缺乏理性。人類天生具有足夠的理性，卻因為對自己與環境的誤解，缺乏使用理性的勇氣，怯於思考與求知，而「啟蒙」就是把人從這種狀態中喚醒讓人勇於求知。

「這一段寫的相當不錯，雖然不是人類，但我也有相似的感覺，理性很多時候不是有沒有，而是用不用的問題。」

「是的，這段地球人的文字彷彿有力量一般，又有些趣味，我們再繼續往下看看好了。」外星人點開了下一個問題：「啟蒙很困難嗎？」

許多人認為啟蒙是危險又困難的，他們像久被拘禁的動物一樣，無法自然使用雙腳行走。

然而，行走不是自由的表現嗎？奔跑不是快樂的遊戲嗎？認為運用理性的艱難跟疲勞，都只是長久拘禁所使然罷了，只要在思考的場地跑一跑，在真理的面前伸直腰，很快就能恢復健康。

「這一段也寫的很好，長久不使用理性會讓思考失去健康，尋回理性反而是自然健康之事。雖然在宇宙不同的角落建立文明，這個『啟蒙』跟我們的歷史也有些相通的地方。」

「完全同意。我們也曾停留在認為理性危險，排斥思考的時代，雖然不長。然而先知將智慧帶給我們，讓我們不再排斥理性，我們的文明也因此而恢復了健康。」

外星人又點開了下一個介紹：「如何才能促進啟蒙？」

促進啟蒙最要緊的是要培養大眾在「公領域運用理性」的習慣。社會中每個成員都有應有的身分與規範。例如：軍人應該依上級命令行動，市民應該依收入納稅，在這些事務上，人們不但不該爭辯規範本身，還應該盡力運用理性完成任務，參與社會，這是在私領域的理性運用。然而，除了依個人身分使用理性，每個人也可以以一種學者研究事實的精神，用一種客觀闡述真理的角度，純然以「理性」評論整個事件，例如，他可以評論收到的命令是否合理，也可以評論被課徵的稅捐是否正當。當他這樣做的時候，他是在「公領域運用理性」，以人類的角度思考，探究真相。誠然，在戰爭時我們必須做某些決策，有時是有風險的，甚至是有瑕疵的，但這些都不排除了，我們應該在事後以理性思考檢討決策。

讓每一個人都保有雙重身分，保有公開運用理性的自由，也應該依個人身分執行任務，這種習慣能充分地發展大眾的理性，能有效的促進公共啟蒙。

「所以每個啟蒙的地球人身上都應該有二重性，一是扮演好自己的任務，二是以人類的角度客觀地檢討事件或過程。我們雖然沒有特別去分開這兩者，但因為所有人的思想根本上是連在一起的，所以差別不大。」

「可是對人類這種個體性強卻又必須在社會中生存的生物來說，這也是沒有辦法中的辦法。」

「還有一個最後段落，我們看完吧！」外星人又點開了最後一個介紹項「啟蒙的終點站」。

啟蒙是沒有止境的。

沒有任何一個組織或團體，能宣稱自己所有關於世界，或關於人世間的一切見解，都是無誤的、絕對的、完整的，這樣的宣稱是啟蒙的敵人。啟蒙是運用理性發現錯誤以達進步的過程，而這個過程本身就是啟蒙運動的目標。我們不能說現在的世界是已經完成啟蒙了的，但現在的我們，的確處於一個「啟蒙運動」的時代。

在這段文字跑完之後，是歷史人物的介紹，以上這些話出自一個名叫「康德」的哲學家。

「其實地球的人類思考能力也相當驚人，最後這段提到『進步』是永無止境，任何地方的停滯都與進步為敵，這不就是我們努力向外星探險，所想要避免的困境嗎？」

「我同意，可是他們還是自我毀滅了，不覺得很諷刺嗎？」

「我們見了這麼多宇宙中的生物了，滅亡也有些運氣成分。我們也得小心，因為太驕傲而滅亡的宇宙種族，我們還見的少了嗎？」

「是的，您說的極是。」

兩位外星人在收集資料之後離開了地球，而這個了解啟蒙沒有止境的星球，進入了死寂的沉睡期，不知道要等多久才會有另一波新的啟蒙運動。

Cibala

老師碎碎念

本篇故事的主角依然是德國哲學家康德，以他一篇文章〈何謂啟蒙〉為架構，講述康德思考中啟蒙的概念。

啟蒙運動是發生於十八世紀歐洲的思想運動，相信理性發展能解決人類世界的基本問題，追求知識，對理智抱持正面的態度。康德認為人天生擁有足夠的理性，能夠以客觀中立的態度，互相理解交流，尋找錯誤，累積知識，慢慢達成進步。只要勇於使用理性，就能從蒙昧無知中清醒過來。

這種對理性的未來抱持樂觀的觀點，不是唯一可能的立場。我們曾提過盧梭對理性的發展抱持悲觀的態度。無論如何，了解不同的思考立場乃是哲學最大的樂趣所在，而何者當信，何者當拋，就在各位讀者的自由判斷之下了。

哲學很有事，你也來試試

☆簡述何謂「啟蒙」。

☆故事中提到能促進啟蒙的活動是什麼？

☆故事中提到啟蒙的「終點」是什麼？

☆你相信「啟蒙」的這種想法嗎？為什麼？

☆你認為人類的文明會越趨進步還是會步向滅亡呢？為什麼？

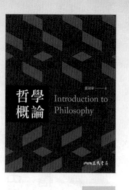

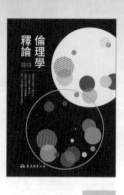

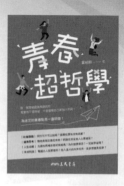

海德格與胡塞爾現象學

張燦輝　著

本書將層層剖開海德格的哲學觀，直抵現象學核心，一本書、一種思考方式、一個新世界將在你眼前展開。作者層層剖析海德格與胡塞爾這對師生對於現象學的發展、變化乃至超越與困境。

近代哲學趣談

鄔昆如　著

本書為從文藝復興開始，一直到黑格爾的辯證法為止的思想歷程作者以深入淺出的方式，引導人們認識西方近代哲學，從而領悟到「精神生活的確立與提昇為人類文化發展之方向」的意義。

生老病死間的大哉問

黃珮華　著

作者在本書中，討論了基因檢查、墮胎、聰明藥、安樂死、醫師專業等生醫倫理學上的爭議，援引當代世界各地的實例。本書以宏觀的視野來關注生命、醫療、基因工程、哲學、倫理學、社會公義、人類未來發展等議題，是極佳的生醫倫理入門書。